L'étang du renouveau

Bernard GUILLAUMARD

ISBN : 9782322096206 Éditeur : BoD-Books on Demand, 12/14 rond point des Champs Élysées, 75008 Paris, France

Ceux qui pensent que sur notre terre, la vie de chaque être humain est un long chemin souvent tracé par avance, ne se trompent pas beaucoup. Car dès sa naissance, même s'il ne sait pas encore marcher, il commence à l'emprunter avec plus ou moins de bonheur, de facilité ou d'aléas divers qui feront de sa vie soit un bref passage ou alors un long voyage. C'est le lot de tous, riches et pauvres, noirs ou blancs. On nait, avec une destinée bien définie, semée trop souvent d'embuches pour les moins chanceux ou de bonheur pour ceux qui sont nés sous une bonne étoile. Mais personne n'y échappe jamais, même si certains la façonnent, la détruisent, la bouleversent. Les grandes règles de la vie sont établies à l'avance, et à chaque pas que nous faisons dans cet immense cheminement pour essayer d'arriver au bout, nous devons nous contraindre à subir cette volonté incontournable qu'est la destinée. C'est ainsi : la route est tracée, il nous faut la suivre. La vie de tous les êtres de la planète ne tient souvent qu'à un fil, mais celui qui en tire les ficelles ne le fait pas comme on l'aimerait. On ne choisit pas son avenir, on essaie juste qu'il soit le plus aisé possible, et ce ne sont pas les dieux que se sont donnés les peuples qui ont changé quelque chose à cela, sinon croyez- moi ça se saurait ; les enfants ne mourraient plus de fin, les guerres n'existeraient pas. N'épiloguons pas : celui qui veut me convaincre qu'un dieu existe n'a qu'à me le présenter. Après on pourra parler sérieusement, mais ce n'est pas demain la veille. Tout cela pour dire que parfois une destinée n'est pas figée complètement, et au pire moment, alors que tout semble écrit, un petit, tout petit quelque chose, un rien, mais qui arrive au bon moment, permet au chemin de se dégager peu à peu et à celui qui pensait que tout s'arrêtait là, de continuer à avancer vers un avenir tout neuf.

Chapitre 1

Romain avait vécu sa petite enfance dans une tranquillité absolue et un confort agréable. Cadet de trois enfants dans une famille moyenne, il avait été choyé en tant que le plus petit, le dernier qui bénéficie souvent, en plus de l'affection bonifiée de ses parents, de l'amour de son frère et de sa sœur. Pour lui, ce fut le cas, et ses débuts dans la vie de tous les jours furent des plus faciles. Il arriva à l'adolescence sans bruit, sur la pointe des pieds, presque sans souvenirs. Peu doué pour les études, il décida, au grand désarroi de ses parents, de quitter l'école une fois son BEPC péniblement réussi. Dès sa sortie, son père, un peu pour le punir, le fit embaucher dans l'entreprise de jardinage et d'horticulture où il était contremaitre, pour les deux mois d'été, afin qu'il réfléchisse un peu à la suite qu'il comptait donner à sa vie. Il comprit alors ce qu'était le travail manuel, les ampoules aux mains, les courbatures, et autres bobos dus aux outils et au matériel qu'il devait employer. A aucun moment il ne baissa les bras au contraire ; travailleur et volontaire, il resta même jusqu'à la fin de l'année dans l'entreprise. Mais un premier souci survint. Il s'enrhumait facilement, et les nombreuses averses qu'il devait affronter, ajoutées au mauvais temps dont il subissait les attaques en permanence ne facilitaient pas les choses. Le brave docteur Fabre, ami de la famille conseilla un emploi à l'abri au grand désespoir du garçon qui commençait à aimer son travail. Il n'eut pas à chercher trop loin du travail. Sa mère s'empressa de le faire embaucher dans l'usine de confection, dont elle assurait à la fois le poste de secrétaire comptable et de chef du personnel. La petite entreprise ne comptait qu'une dizaine d'ouvriers, des femmes en particulier et fabriquait avec succès vêtements et divers objets en cuir véritable qui connaissaient une grande réussite. Fini le travail dehors en plein air. Très vite le garçon fut adopté par les ouvrières trop contentes d'avoir un beau jeune homme à portée de main. Une nouvelle fois, comme dans sa jeunesse, Romain allait être chouchouté et choyé à longueur de journée. Le temps passait vite, les journées de travail n'étaient pas trop pénibles, et à partir du moment où il assurait l'approvisionnement des ateliers en temps et en heure, tout se passait pour le mieux pour lui. Ses parents étaient rassurés de savoir qu'il était capable de se débrouiller. Ses dix-sept ans venaient de sonner. Le garçon attaquait le permis de conduire. Son frère Adrien venait de partir à Paris pour intégrer les chemins de fer : à vingt-quatre ans il rentrait dans les bureaux, au service du personnel. Ses mentions au bac, les félicitations au service militaire, trois années supplémentaires en étude générale et une réussite totale aux tests d'entrée lui avaient valu un poste promis à un bel avenir. Les parents, très fiers, avaient acheté le studio pas très loin des bureaux pour le remercier. Adrien avait tellement répondu à leur espoir. Que dire de sa sœur Eveline qui préparait pharmacie ! Bachelière à seize ans avec mention- bien sûr- cette dernière sortirait l'an prochain avec ses diplômes en poche et rejoindrait son oncle en Bretagne. Celui-ci pas marié et sans enfant n'en était pas moins le propriétaire d'une grande pharmacie en plein Quimper, et attendait avec impatience la relève. Là encore un avenir largement assuré, car le tonton déjà riche se donnait en viager à sa nièce pour une somme mensuelle dérisoire en rapport au bien. Comme disaient les voisins « pour les Dodain, la bouteille est bien pleine » et ils ajoutaient avec aigreur, « eux ils n'ont pas eu besoin de la remplir ». C'était ainsi, la famille se portait bien, les deux premiers étaient casés, restait le troisième, mais ils avaient le temps d'y penser. En cette année mille neuf cent-soixante-trois, Romain se retrouvait seul dans la maison familiale, ses parents étant partis pour trois semaines amener leur fille en Bretagne, profitant de l'occasion pour visiter le pays. Avant de le laisser seul, son père s'était longuement entretenu avec lui, lui faisant part de sa confiance pour le laisser seul, mais en même temps l'alertant sur les dangers quotidiens de la vie et de l'avenir. Il avait eu droit à plusieurs heures de discussion et sa mère aussi n'avait pas oublié de lui laisser par écrit une foule d'inscriptions et de recommandations à suivre. Une fois seul, il commença à s'ennuyer ferme. Il venait de s'apercevoir que mis à part au travail, il ne connaissait pas grand monde et n'avait que peu de copains, pour ainsi dire aucun. Mussidan n'était pourtant qu'une petite ville, à peine trois mille habitants et tout le monde se connaissait plus ou moins, mais lui avait oublié de sortir de sa bulle. Il se dit qu'il était temps de faire connaissance avec les autres. Aussi dès le dimanche soir, il se fit un premier cinéma, mais en cette période la salle sonnait creux et le film ne lui avait pas beaucoup plu. A la sortie, deux jeunes filles discutaient sur les marches de la salle. Malgré lui, il essaya de capter les propos qu'elles tenaient :

_Si on allait boire un pot au petit café, dit l'une d'entre elles,

_ Seules, mais les garçons vont encore nous embêter répondit l'autre,

_Mais il n'est pas vingt-deux heures et on a jusqu'à minuit pour rentrer reprit la première.

Romain n'en revint pas de son audace, il ne se serait pas cru capable d'intervenir. Pourtant, il le fit.

_Si vous voulez, je suis seul et je peux vous accompagner,

A partir de cet instant, il se mit à balbutier :

_Enfin si cela ne vous dérange pas, ajouta-t-il en bredouillant, vous savez moi aussi je ne veux pas y aller seul.

Je suis en train de me noyer pensa-t-il, pourtant ayant retrouvé un peu de courage il leur dit :

_Et si vous acceptez, je vous invite !

Une heure plus tard, à la petite terrasse du café, nos trois jeunes gens devisaient comme de vieux amis. Romain, par sa maladresse, avait finalement décidé les deux filles à accepter son invitation. Maintenant ils échangeaient des banalités sur la vie de tous les jours. Le garçon avait un peu de mal à regarder en face Laure, la plus jeune des deux -à peine seize ans- mais un charme qui le faisait rougir à chaque fois qu'il posait les yeux sur elle. Sa copine Nicole un peu plus âgée était sans doute plus jolie mais ses yeux avaient choisi. Vers onze heures trente, le garçon alla régler la modeste addition et raccompagna ses deux compagnes d'un soir jusqu'au passage à niveau. Il regarda longtemps les deux feux rouges des vélos qui s'éloignaient sur la petite voie communale. « Si j'avais eu ma bicyclette j'aurais pu les raccompagner pensa-t-il » mais il n'avait pas son vélo et dû laisser partir les deux jeunes filles, avec toutefois la promesse de les revoir vendredi-soir suivant au même endroit à dix-neuf heures. La nuit fut agitée. Il dormit peu : ses pensées vagabondaient vers le doux visage de Laure. Il entendit sonner trois heures quand enfin Morphée le surprit. Il faisait grand jour quand il s'éveilla le samedi matin, il se dépêcha à faire le travail que lui avait tracé sa mère, à savoir l'arrosage des plantes, une fois fait il s'aspergea ensuite à grande eau, le soleil éclairait le ciel de toute sa splendeur, Romain avait l'impression d'être quelqu'un de nouveau, « vivement vendredi » pensa-t-il. Mais patatras ! Le vendredi, alors qu'il avait mis ses plus beaux habits et sorti son vélo, pas de jeunes filles. Le temps avait été si long et ses espoirs si forts que la déception fut énorme. Il resta un long moment à siroter son diabolo, et alors qu'il allait partir un éclair zébra le ciel. Il n'avait même pas remarqué que le temps s'était couvert en début de soirée trop absorbé par son rendez-vous et là cela se gâtait largement : le tonnerre répondait aux longues trainées de lumière et le vent soufflait en rafales de plus en plus fortes. Il régla ses consos et rapidement enfourcha son vélo. Trop tard ! L'orage le trempa avant qu'il atteigne sa maison. En rentrant sa bicyclette, il pensa, désabusé, « au moins demain pas besoin d'arroser ». Cette nuit-là, il mit longtemps à s'endormir, énervé par ce rendez-vous manqué, un espoir déçu qu'il avait bien du mal à digérer. Le samedi matin, il passa son temps à enlever les branches cassées des grands arbres de leur parc. Le vent n'avait pas ménagé sa peine, et il lui fallut presque la journée pour tout nettoyer. Quand il appela ses parents le soir, il leur raconta. Ces derniers l'avertirent d'un départ pour trois jours en bateau, donc de les rappeler le mercredi soir sans faute. Ce soir-là il s'endormit fourbu, et le dimanche matin il découvrit avec bonheur qu'après la pluie vient le beau temps. Le soleil avait repris sa place et brillait de nouveau de mille feux et même si quelques nuages trainaient encore dans le ciel, il allait faire très beau en ce dimanche d'août. Romain avait trainé. Vers treize heures passées, complètement désœuvré, il prit son vélo qu'il ne sortait pas souvent et se dirigea vers St Médard par la route où les deux jeunes filles avaient disparu le dimanche soir. Pourquoi ? Il n'en savait rien. De toute façon, il n'avait rien à faire à part se balader pensait-il non sans des arrières pensées qu'un petit miracle pouvait se produire. C'est ainsi qu'il arriva sur la place du village voisin où se tenait un concours de boules « chouette se dit-il, au moins je vais pouvoir occuper mon temps » car il adorait assister à ces interminables parties de pétanque que les joueurs, pagnolesques à souhait animaient de leurs gouailles et de leurs cris de joie ou de dépit. En bon spectateur, il s'assit sans rien dire sur la petite murette de l'église à l'ombre d'un grand tilleul, véritable bénédiction en cette lourde chaleur. Le temps passa. Poussé par la soif, il regagna la terrasse de la petite auberge qu'une vielle treille de glycine ombrageait. Après avoir commandé son diabolo-menthe bien frais, il se replongea dans une autre partie. Les joueurs venaient s'abreuver de temps en temps, puis repartaient. Romain se dit vers seize heures qu'il était temps pour lui de s'en aller. De toute façon, le spectacle commençait à le lasser. Il enfourcha sa monture, mais bizarrement, sans trop savoir pourquoi, il repartit vers l'autre bout de la place là où se tenait le deuxième café du village qui faisait également épicerie. Une petite faim le titillait. Il s'arrêta et franchit la porte du petit magasin. Là il récupéra deux paquets de ces petits beurres dont il raffolait, et c'est en sortant qu'il s'entendit appeler :

_Romain, hou hou ! Romain on est là lui lançait une voix de jeune fille

Il tourna la tête et là, juste derrière le café, à l'ombre d'un grand mur, il y avait quelques petites tables bien abritées et à l'une d'entre elle les deux jeunes filles attablées, mais pas seules. En effet deux jeunes garçons les accompagnaient.

_Bonjour leur dit-il timidement vous allez bien ?

_Très bien lui répondit Nicole, mais viens t'asseoir avec nous, nous aussi on aime bien les gâteaux le nargua-t-elle de sa voix cristalline

Penaud, le jeune homme s'approcha. Les deux autres garçons le saluèrent froidement. Il posa un paquet de petits beurres sur la table et fit mine de s'en aller en prétextant qu'il ne voulait pas déranger. Cette fois c'est Laure qui le retint :

_Romain, tu ne nous déranges pas du tout. Au contraire, on était déçues avec Nicole de ne pas avoir pu descendre au petit café à cause du mauvais temps, surtout moi, car avoua-t-elle j'avais envie de te revoir.

Un long silence avait suivi les propos de la jeune fille et c'est l'un des deux garçons qu'il ne connaissait pas qui le rompit.

_On va se baigner les filles, il est à peine seize heures. A dix-huit heures on vous ramène ?

_Pour moi c'est ok jubila Nicole en se levant mais si tu veux rester là dit-elle à sa copine, on se retrouve à l'église à dix-neuf heures.

Les deux amies se connaissaient par cœur et Laure approuva avec un sourire rayonnant. La dauphine démarra en faisant voler les gravillons et Romain allait connaitre une des plus belles journées de sa vie. Les trois heures suivantes furent idylliques. Ils s'étaient baladés côte à côte, leurs mains se frôlant parfois, et après, s'étaient assis sur le banc au bord de la rivière qui bordait le bourg du village, faisant plus amplement connaissance. Laure ne tarissait pas de questions à son sujet. Il lui répondait et à son tour questionnait la jeune fille, mais le temps passe vite et vers dix-huit heures trente ils regagnèrent les abords de l'église. Ils s'étaient pris la main naturellement en marchant et c'est avec un immense chagrin qu'il entendit arriver la voiture. Heureusement, Laure dormait chez son amie et demain après-midi s'il était disponible elle voulait bien poursuivre leur promenade. C'est ainsi que sous un soleil de plomb dans un premier temps, puis à l'ombre des aulnes de la rivière, ils passèrent la demie journée qui les vit pour la première fois s'embrasser. Quand il la ramena chez son amie, la tristesse prenait la suite du bonheur et malgré les promesses de se revoir, devoir se quitter devenait trop dur au point que chacun d'entre eux laissa couler les larmes. Laure repartait de très bonne heure le mardi et ne reviendrait chez elle que la veille de la rentrée scolaire. Après, elle partait en pension dans une école privée très éloignée et ne serait de retour que pour les vacances de la Toussaint. Après des adieux déchirants et promesses multiples, Romain rentra chez lui désespéré. Les jours suivants, il ne sortit plus, faisant le travail qu'il jugeait uniquement nécessaire et le reste du temps se plongeant dans quelque chose de nouveau : la lecture. Ses parents étaient revenus, la première lettre de Laure aussi. Le problème c'était que pour le moment il ne pouvait pas lui répondre et cela le minait. Les propos de la jeune fille pleins d'amour, de passion et de tendresse, lui faisaient quand même chaud au cœur et la photo qu'elle avait jointe ne le quittait plus. A son travail, si son rendement ne laissait pas à désirer, les ouvrières n'avaient pas retrouvé le garçon enjoué qu'il était. Petit à petit, septembre était passé, puis octobre et enfin la Toussaint mais une fois de plus, la chance ne fut pas du côté des amoureux. Le décès du grand-père de Laure avait mangé la première semaine et ils purent juste s'apercevoir le dimanche au cinéma : la séance fut tellement courte et après quelques longs baisers, de nouveau la séparation, et encore les promesses. Mais apparemment, tout ne se passait pas au mieux dans l'école de Laure, car quand celle-ci revient avant noël, elle était punie, privée de sortie. Romain se désespérait, et dans une lettre des plus tristes qu'il avait transmise à Nicole, il avait confié à celle qu'il aimait comme un fou son désespoir. Noël aussi était parti, la fin de l'année arrivait à grand pas, et dans sa dernière lettre, Laure avait donné rendez-vous à son amoureux au grand bal de fin d'année. Fou de joie, il arriva devant la grande salle des fêtes impatient mais intimidé aussi. Elle lui avait dit de faire comme s'ils ne se connaissaient pas et qu'elle s'arrangerait pout le rejoindre. La salle était bondée, à tel point qu'il était difficile de se déplacer. Il arriva à trouver un morceau de banc libre derrière les tables qui occupaient tout un côté de la piste. Enfin il put l'apercevoir, un peu en colère car elle dansait avec un autre garçon, et cela avait l'air de lui plaire. La danse finie, le jeune homme la raccompagna à une table où elle s'assit. Elle ne l'avait pas vu. Le garçon continuait de lui faire la conversation, vêtu d'un superbe costume, grand et sûr de lui. La jeune fille semblait y prendre goût. Romain se dit que la soirée ne s'annonçait pas sous les meilleurs auspices au contraire car son rival venait d'être invité à s'asseoir. Alors lui déjà vaincu, il se leva. Elle l'aperçut qui se dirigeait vers la sortie. Sans même s'excuser, elle se précipita et bousculant plusieurs personnes parvint à le rejoindre .

_Mais où vas-tu ? cria-t-elle.

Quand il se retourna et qu'elle vit ses yeux remplis de larmes, elle comprit le désarroi du garçon qu'elle aimait tant.

_Pardon, implora-t-elle, pardon si je t'ai blessé, mais je te promets que je ne pensais pas à mal et que le garçon avec qui je viens de danser n'est rien pour moi, je te le jure assura-t-elle.

_Peut-être, répondit-il enfin péniblement, mais vous alliez tellement bien ensemble et sembliez si heureux que je préfère vous laisser et rentrer chez-moi ?

_Mais, Romain, c'est toi que j'aime et c'est dans tes bras que je veux être et cela même si mes parents ne le veulent pas. Moi, c'est toi que je veux.

Désarçonné, le garçon avait refermé ses bras autour d'elle et, blottis dans un des recoins de l'immense salle, ils purent échanger un long baiser. Le bonheur était revenu. Rien ne leur fut épargné par la suite, mais Laure avait une telle volonté que l'été suivant, ses parents cédèrent et les amoureux sortirent ensemble officiellement. Finalement Romain Dodain n'était pas un si mauvais parti, et qui sait, d'ici le mariage, tant de choses avaient le temps de changer. En attendant, au volant de sa Renault huit, Romain, fier comme Artaban, amenait sa compagne dans des promenades amoureuses où les deux jeune gens profitaient pleinement de leur bonheur. Un bonheur qui semblait s'éterniser, car même pendant son service militaire, les deux jeunes amants ne cessèrent de se voir des weekends entiers. Laure avait repris avec succès la progression dans ses études. En rentrant de l'armée, Romain intégrerait l'école des chemins de fer, ses tests réussis à merveille grâce à l'aide discrète de son frère lui ayant permis de franchir cette porte qui avant lui paraissait inaccessible. Oui, c'était presque parfait et cela le demeura.

Chapitre 2

Le mariage consommé, les deux époux avaient déjà leur appartement de préparé et tout s'enchainait. Laure était une femme superbe. Directrice adjointe à la trésorerie générale de Ribérac, elle attirait le regard des hommes avec son allure admirable et son corps de rêve, mais la jeune femme coupait court à toutes ces avances ne laissant aucun doute sur sa fidélité. Très vite Julien et Aurélie étaient arrivés dans le foyer qui venait de changer de lieu d'habitation, le petit appartement qui les avait abrités se montrant trop petit. Et là une fois de plus la chance ne les laissa pas tomber. Le père de Romain était licencié économique. A trois ans de la retraite, ses indemnités de licenciements représentaient un bon pactole et son épouse étant à la retraite, ils avaient décidé de s'expatrier chez leur fille en Bretagne. La maison familiale avait été estimée. Romain et Laure se voyaient offert la grande maison pour une somme dérisoire. Les Dodain, avant de partir, avaient également vendu des biens immobiliers et des terrains ; le tout avait été partagé en quatre parts égales entre les parents et les enfants, si bien que trois ans après, la petite famille était propriétaire d'une superbe maison agrémentée d'un vaste parc où les petits s'éveillaient tranquillement à l'enfance. Responsable de secteur à la gare de Périgueux, Romain était chargé d'un quart de la surveillance des voies sur le département. Si son lieu d'embauche était un peu éloigné, la gare de Mussidan à deux pas de chez eux lui permettait de se rendre très facilement à son travail. Laure prenait quant à elle sa petite Renault six pour se rendre à son boulot, posant les enfants à l'école, Romain les récupérant le soir. Cette vie de l'extérieur pouvait paraître ordinaire, mais les deux époux nageaient dans un bonheur parfait, profitant des weekends prolongés pour se rendre sur l'ile d'Oléron où les parents de Laure possédaient une petite maison, que depuis deux ans Romain retapait. Oui, ils avaient presque trop de chance disaient certains ; quant aux autres ils souhaitaient secrètement que cette chance justement tourne un peu. L'été arriva, et avec lui, les vacances : trois semaines entières à passer ensemble, la première et la troisième à Grand-Village, la deuxième à la maison, pour les menus travaux, une fois de plus, ce fut très bien. Romain ne cessait d'admirer son épouse, Laure était d'une grande beauté et il la complimentait souvent, elle en rougissait encore surtout quand il la regardait longuement pour finir par lui avouer :

_Je me demande parfois, comment j'ai pu mériter d'avoir un tel bonheur, des enfants merveilleux et une épouse si belle, que rien que de la regarder j'en suis encore plus amoureux.

_Monsieur Dodain, je préfère vous avertir que cela ne doit changer d'aucune façon et que vous avez plutôt intérêt à m'aimer tous les jours un peu plus lui disait-elle en riant, puis elle se jetait dans ses bras et le couvrait littéralement de baisers en pensant que le ciel lui avait donné un mari adorable. Mais ces vacances-là furent un peu particulières, à la plage un maitre-nageur n'arrêtait pas de faire du gringue à Laure, ce dernier en charge des deux enfants pour la natation, en profitait pour en plus d'œillades enflammées, abreuver la jeune femme de compliments en tout genre, flattée les premiers jours, elle avait fini par envoyer Romain amener les deux gamins aux leçons de natation, déçu l'homme n'avait pas baisser la garde et dès leur retour il avait recommencé son manège mais de façon plus discrète et attentionnée, la jeune femme cette fois même si à aucun moment ne lui avait laissé paraitre une quelconque ouverture, amené régulièrement ses enfants aux leçons.

Le mercredi, Laure était même partie en avance laissant Romain aux prises avec la fin de petits travaux dans la cuisine.

_Rejoins nous dès que tu as fini ! lui avait-elle crié en partant

Mais elle n'aurait pu deviner que ce jour- là, une surprise l'attendait, un petit catamaran était amarré non loin de la plage, elle se rappela que hier le maitre-nageur lui avait proposé de l'amené en mer avec son voilier, elle avait répondu en plaisantant amenez donc votre monture et on verra, elle se dit en elle-même ce n'est pas possible il est trop ce garçon, le jeune homme avait à peine vingt-cinq ans mais avait l'air de savoir ce qu'il voulait. Il attendait confiant en compagnie d'un autre jeune homme.

_Voilà Didier, lui présenta-t-il, comme moi il enseigne la natation mais au parc de loisir, pendant que je vous amène faire un tour de bateau, il amène vos enfants au parc ces derniers pourront profiter des attractions sans payer et en toute liberté sous sa surveillance bien sur, dans moins de deux heures, on est revenu affirma-t-il.

Ravis, les enfant firent le forcing et elle ne put leur résister, et elle en avait-elle envie, un quart plus tard, le vent claquer dans le vent, Laure les cheveux défaits, se laissait emporter sur la monture de son preux chevalier, ce dernier avait bien préparé son opération séduction, vers dix heure, il invita à l'intérieur pour prendre un café, la petite embarcation avait ralenti son allure, et les clapotis des vagues contre sa coque berçait le couple, très vite le garçon devint plus entreprenant, et réussi à lui voler un demi baiser, mais la jeune femme résistait.

_j'espère que vous n'allez pas me faire regretter de vous avoir accompagné lui reprocha-t-elle.

_Ne me dites pas que vous êtes surprise de mes avances lui lança-t-il avec malice, mais avant toute chose lui conseilla-t-il vous devriez vous protéger, vous commencez à rougir dans le dos, il serait dommage que vous rameniez de cette balade qu'un coup de soleil.

Elle le remercia, et rentra dans l'habitacle pour se badigeonner de crème solaire, une main lui vint en aide sans qu'elle ait demandé.

Attendait murmura-t-il, couchez- vous, je vais vous aider, et soyez rassuré je n'ai pas l'intention d'en profiter conclu-t-il avec un sourire.

La douceur la surprit et elle se laissa aller à la exquise caresse, tout allait trop vite, allongée dans la cabine elle était à sa merci, il lui semblait que c'était un rêve et qu'elle allait se réveiller, mais dorénavant, il la caressait maintenant sans restriction, frôlant ses seins et remontant bien haut sur ses cuisses, il savait qu'elle était à sa merci, qu'i fallait qu'il attende le bon moment et surtout ne pas la brusquer, mais il faut croire qu'un ange veillait sur elle au car au moment où enfin il avait réussi à l'embrasser dans le cou et que son soutien-gorge était complètement dégrafé, un violent coup de corne venu d'un grand bateau à passager retentit, stoppant net leurs ébats, Jannick se précipita à l'extérieur surprit et apeuré, le bateau était tout proche, Laure à son tour fit son apparition, les cheveux emmêlés par le vent lui cachèrent quelques instants la réalité, mais l'autre embarcation n'était qu'à quelques mètres, les nombreux passagers de l'autre bateau ne se privèrent pas de commentaires et de photos, Laure s'aperçut alors qu'elle tenait son soutien-gorge de maillot de bain et que ce dernier ne cachait pas grand-chose de sa poitrine, effrayée elle se réfugia dans la cabine ou elle enfila en vitesse son short et un petit chemisier, l'alerte était terminée, elle regarda sa montre déjà onze heures,

_Il faut rentrer dit-elle au garçon, je dois récupérer mes enfants,

_Pas avant ma récompense plaisanta-t-il

_Vous n'allez pas me forcer à faire ce que je ne veux pas faire lui rétorqua-t-elle.

_Il y a à peine un quart d'heure, je ne crois pas vous avoir forcé à rien, vous étiez bien consciente de ce qui se passait, non, l'interrogea-t-il ?

_S'il vous plait ramenez moi, je veux rentrer et vous n'obtiendrez rien de moi, si ce n'est pas la violence.

_Rassurez-vous, ce n'est pas mon genre conclu-t-il, on va rentrer, mais le vent a tourné et il est maintenant contraire, je vais mettre un peu plus de temps que prévu, on arrivera guère avant midi-trente à la plage, mais soyez tranquille Didier, gardera vos enfants en attendant.

Et si Romain arrivait à la plage avant midi pensa-t-elle comment allait-elle pouvoir se justifier, une bouffée de chaleur l'envahi, surtout que dehors le mauvais temps grandissait, les vagues se faisaient plus hautes, Jannick rentra dans la cabine et lui expliqua :

_Je suis désolé, mais on ne va pas pouvoir rentrer directement, je vais me rapprocher des côtes et éviter le grain qu'il nous arrive précisa-t-il,

Laure ne disait plus rien, elle était frigorifiée, le spectre de la discute se profilait déjà dans ses esprits, elle ne croyait pas si bien dire car son mari, voyant le mauvais temps arrivé avait rangé son matériel sorti la voiture du garage, et se dirigeait vers la plage récupérer sa famille, quelle ne fut pas sa surprise, quand à quelques pas du parking il aperçut ses enfants en présence d'un garçon qu'il ne connaissait pas. Le garçon le salua lui remit les deux gamins, mais ne lui donna aucune explication. Midi venait de sonner, les enfants avaient froid, Romain était rentré à la maison, avait habille les deux petits plus chaudement et leur avait cuisiné à la va vite un repas, pour lui, le temps semblait s'être arrêté, la situation lui semblait tellement confuse, Julien ne disait pas grand-chose c'était un taiseux, mais sa sœur du haut de ses cinq ans, avait raconté à son père que Didier s'était occupé d'eux, fort bien d'ailleurs car leur maman avait était faire un tour de bateau avec Jannick. Romain la gorge serrée n'avait rien put avalé, dehors la pluie et le vent commençait à se calmait, mais dans sa tête tout s'embrouillait, mais que lui arrivait-il, « il faut que je me secoue se dit-il car si cela se trouve je m'inquiète pour rien, et il y a sans doute une explication derrière tour cela », avec beaucoup de courage, il débarrassa la table fit la vaisselle, et prépara comme d'habitude les affaires pour la plage, vers quatorze heure, sous un soleil timide la famille incomplète s'installait à son endroit habituel pour une après-midi trempette, surveillant de près les enfants Romains commençait maintenant à s'inquiéter réellement, « pourvu qu'il ne lui soit rien arrivé pensa-t-il avec effroi ». Laure elle venait juste d'arrivait à la petite maison, elle fut étonné de voir la voiture dehors après avoir changé de tenue elle savait ou était la famille, elle ne mangea pas de toute façon, rien ne serait passé, elle fit rapidement le tour du petit propriétaire mais ne put que constater que la maison était impeccable, les derniers travaux sur le carrelage de la cuisine était finis et même la vaisselle de midi était rangée, « mais quelle idiote je fais rumina-t-elle », une demi-heure plus tard elle rejoignait le reste de la famille à son poste habituelle, le soleil était maintenant plus généreux, leur abri de plage était vide, elle ne mit pas longtemps à apercevoir son mari, ce dernier de l'eau jusqu'à la ceinture surveiller leurs deux enfants, elle le contempla ave une affection immense, il n'avait rien à envier au maitre-nageur, à trente-cinq ans il était super bien bâti, elle ne put se répéter intérieurement « mais quelle idiote je fais ».

Dans les vagues Romain avait rejoint sa progéniture, et les deux petits s'en donnaient à cœur joie, essayant de le faire couler, lui montant sur ses épaules pour plonger, sans arrêts à le solliciter pour des jeux divers et lui rallant un peu mais toujours souriant de pliant à leurs caprices enfantins. Enfin la fatigue eu raison d'eux ils revinrent se reposer à leur lieu de repli, c'est là qu'ils aperçurent leur mère et qu'ils se précipitèrent dans ses bras, pendant quelques minutes ce ne fut que des mamans, mamans, on est contant que tu sois revenus. L'émotion es retrouvailles passée, Romain lui demanda juste d'une voix un peu froide,

_Ca va, tu n'es pas blessée ?

_Oui ça va lui dit-elle d'un ton hésitant ,
_Tant mieux reprit-il, je commençais à m'inquiéter sérieusement et les enfants aussi, s'il te plait la prochaine fois préviens moi quand tu pars en croisière.

Elle n'eut pas le temps de lui donner une explication il s'était retourné puis avait couvert sa fille qui s'était endormi, pour se dirigea seul vers les vagues ou pendant presque une heure il vida sa rage contre la mer, mais une fois de plus, c'est cette dernière qui sortit vainqueur de leur duel, enfin complètement épuisé, il revint s'allongé sur sa serviette et à son tour s'endormit. Le soir comme à leur habitude ils s'avancèrent à « la Cottiniere » pour y manger des glaces et écouter de la musique, mais manifestement le cœur n'y était pas, les enfants étaient fatigués, Romain ne parlait presque pas et Laure avait bien du mal à supportait tout cela dont pourtant elle était la cause. Dès les enfants couchés, lui aussi s'était rapidement mis au lit et quand son épouse à son tour arriva dans la chambre, il dormait ou faisait semblant de dormir ne lui proposant une nouvelle fois que son dos, Laure se sentit au fond du gouffre, depuis qu'ils vivaient ensemble, jamais ils ne s'étaient endormis sans se souhaiter une bonne nuit, malgré elle, elle ne put retenir de grosses larmes qui roulèrent sur son visage, étouffée par les sanglots, elle regagna le fauteuil du petit salon pour ne pas le réveiller et put dans cette triste intimité laisser à leur guise couler ses sanglots. C'est fort tard dans la nuit qu'elle rejoint enfin la chambre silencieuse et qu'elle put enfin trouver le sommeil. Quand le petit réveil sonna, elle failli tomber du lit, car il était très rare que le petit appareil serve pour le réveil et la surprise fut rude, elle ouvrit enfin les yeux et put constater un silence peu rassurant, la nuit avait été courte et elle avait du mal à émerger de ce monde cotonneux d'où elle sortait, heureusement la douche, magnifique invention, la tira de cet état, elle s'inquiéta un peu plus, il était pourtant juste neuf heures passées, dans la cuisine, elle trouva son petit déjeuner tout préparé avec en plus un bouquet de fleurs et un paquet orné d'un superbe ruban, étonné elle s'avança et pris le petit colis et l'ouvrit délicatement, dedans beaucoup de papier, puis une enveloppe, impatiente elle en déchira le bord , une lettre s'y trouvait en compagnie d'un bon pour une journée complète de Thalasso , très émue, elle déplia le petit mot ou était inscrit « bonne fêtes Laure, ma merveilleuse épouse » et dessous « bonne fêtes maman chérie ». si elle avait oubliée, elle n'avait pas été oubliée, et elle comprit le réveil, les soins débutaient à dix heures, heureusement elle était déjà douchée et le centre à peine à dix minutes. Elle prit en vitesse son petit déjeuner, griffonna un je vous aime plein d'émotion au dos de la lettre et se dépêcha de profiter de son cadeau qui allait lui faire le plus grand bien. Pendant ce temps, Romain avait amené ses deux enfants au cours de natation, heureusement c'était le dernier jour, il avait mis le chèque pour le règlement dans une enveloppe et c'est Julien qui le remit au maître-nageur, son père se contentant d'attendre les élèves en bord de plage. L'après-midi ce fut pour lui la traditionnelle journée plage, demain ils avaient prévu une sortie en mer, samedi les bagages et le soir départ vers la maison, il lui tardait de rentrer, peut-être qu'il oublierait plus facilement l'incident chez leur dans leur petit havre de paix. La journée se passa sans incidents particuliers, en rentrant, il s'était arrêté au petit supermarché acheter quelques courses et quand Laure arriva le souper était prêt. « Vous êtes merveilleux s'écria-telle » et je vous adore elle embrassa ses deux enfant puis dans un élan spontané Romain qui en un instant se trouva presque rassuré, le souper fut gai et plein d'entrain, malgré tout, Romain fit hâté la manœuvre.

_Il faut absolument que l'on soit avant vingt heures au quai d'embarcation du château, pour récupérer les billets de bateau pour demain avança-t-il pour faire dépêcher tout son petit monde, heureusement 'était l'heure ou la circulation était la plus fluide et ils arrivèrent à temps, même un bon quart d'heure d'avance et c'était tant mieux car les précieux sésames étaient finalement au bâtiment appelé pompeusement « la capitainerie du port » qui lui se situé dans l'entrée de l'agglomération, la voiture étant garée, c'est à pied que la famille s'y rendit, d'autre comme eux faisaient la queue pour prendre leurs places. Dans la grande pièce ou se situait le bureau, de nombreuses grandes affiches mais aussi multitudes de photos tapissaient les murs, pendant que Laure et Julien attendait, Romain avait pris sa fille dans les bras et faisait le tour du propriétaire. Il y a des jours où il vaudrait mieux se cassait une jambe le matin disait souvent son grand-père, c'était le cas aujourd'hui, car Aurélie qui venait de quittait les bras paternel s'écria,
_Papa !papa ! regarde c'est maman qui est en photo,
_Romain baissa les yeux vers un grand panneau d'infos qui s'intitulé « la mer, sa beauté et ses merveilles insoupçonnées ; qui regorgé de cliché divers, des

oiseaux, des couchers de soleil, de superbe femme, et l'une d'entre elle montrait sa propre épouse à la sortie d'une cabine d'un petit catamaran, les cheveux en broussaille, et une main appuyant un soutien-gorge défait pour essayer sans y parvenir de cacher une poitrine somptueuse, la prise de vue était magnifique, suggestive aussi, Romain n'arrivait pas à détacher ses yeux de l'image affichée au mur, plus il la fixait et plus il avait mal, et pourtant il la regardait, c'était comme son sang se vidait de son corps, son cœur aussi venait de s'arrêter de battre, il s'effondra comme une masse, « quelle chance pensa-t-il je suis mort ».

Le samedi matin, Laure vient le chercher à l'hôpital de Rochefort avec ses deux enfants, il y avait passé le vendredi en observation, rien d'anormal juste un malaise et il pouvait rentrer chez lui, ses enfants lui sautèrent dans les bras, sa femme se contenta de lui demander comment il allait, question à laquelle il pensa que ce n'était pas la peine de répondre, heureusement le voyage fut rapide car seule la radio de la voiture meubla le silence pesant qui s'était installer, les enfants fatigués s'étant endormis rapidement. Dès son arrivée, Romain regagna sa chambre en lâchant « je vais me reposer, je suis là pour personne ». L'avenir s'annonçait compliqué, lui si sur de lui depuis qu'il était avec Laure semblait avoir perdu tout repaire à tel point que le lundi, il ne reprit même pas son travail, quinze jours d'arrêts venaient de lui être prescrits, les enfant étaient heureux, ils n'iraient pas ni chez leurs grands-parents, ni au centre de loisir, il s'occupait d'eux sans problème, mais depuis son retour il avait élu domicile dans la chambre d'ami, Laure n'avait pu à aucun moment s'expliquer, la situation devenait dramatique, pire le samedi, il était allé jouer à la pétanque, cela lui arrivait quelques fois, il était rentré très tard et en plus à moitié ivre, elle avait eu toutes les peines du monde à le coucher, même pire elle avait du coucher avec lui, et si elle rêvait depuis huit jours de le reconquérir, elle n'aurait jamais penser qu'il lui referait l'amour dans un moment tel de désespoir, malgré tout le lendemain, les vapeurs envolées, il comprit qu'i fallait qu'ils se parlent rapidement et après la douche, il lui dit,

_Je suis vraiment désolé pour hier soir, j'avais oublié que je supporte très mal l'alcool, j'espère que je n'ai pas fait ou dit de très grosses bêtises, crois moi je suis vraiment navré.

Laure était complètement déboussolée, elle avait été à deux doigts de le tromper, et lui pour quelques gouttes d'apéritif en trop lui présentait des excuses, elle n'eut même pas le temps de lui répondre que déjà il avait repris.

_ Cet après-midi si tu as des choses à me dire, je suis prêt à les entendre, et même à essayer de les comprendre.

_Oui j'ai des choses à te dire, et je suis heureuse que tu veuilles enfin m'écouter, très heureuse même, j'en peu plus de cette situation honteuse dans laquelle je me suis mise et des soucis que je vous cause.

Septembre était arrivé sans bruit, les premières feuilles mortes commençaient à se détacher des arbres, comme si elles voulaient être les première à annoncer l'automne, ils s'installèrent tous les deux dans la grande balancelle qu'il lui avait installé à l'ombre d'un grand cèdre, elle s'installa tout contre lui et mit un moment à commencer à parler, enfin elle se décida
_je te promets de tout te dire sans oublier aucun détail, je sais que je risque te faire mal, très mal même mais je te jure que je ne te cacherais rien réussit-elle à dire pour se lancer enfin dans ses explications, elle lui parla, mentit un petit peu sur quelques détail, mais si peu, et se disait-elle c'était pour une très bonne cause ; son bonheur, pour conclure plus de dix fois elle lui rabâcha qu'elle aimait, passionnément, et qu'il serait et resterait le seul homme e sa vie, maintenant finit elle tu peux me croire ou non, je ne peux que

m'en vouloir si je n'ai pas su te convaincre mais je t'en supplies crois-moi et pardonne moi cette erreur.

_Je suis désolé répondit-il pour le moment je ne sais quoi te répondre et je voudrais encore m'excuser pour hier, j'ai atteint les sommets dans le fait d'être pitoyable, pour le reste il faut que tu me laisse encore quelques jours pour réfléchir, car moi aussi je t'aime et les enfants sont là et on doit penser également à leur bonheur, mais je te promets que je fais tout ce qui es possible en ce moment pour moi pour te pardonner, alors un peu de patience, avant de se lever elle avait embrassé tendrement sur la joue et l'avait remercier de l'avoir écouter, la douceur de l'automne apaiserait ce premier orage familial, restait à recoller les derniers morceaux éparpillés et tout repartirait comme avant.

Laure, ne se contenta pas de cette réponse

_Si tu me pardonnes, je serais la femme la plus heureuse du monde car sincèrement, mon écart est minime, même s'il avère injustifiable, mais sache bien que je veux que l'on continu ensemble par ce que l'on s'aime vraiment et que l'on en a envie, les enfants sont très importants c'est vrai, mais ce ne serait pas faire leur bonheur que de continuer ensemble en faisant semblant, eux aussi ont besoin d'harmonie et de bien-être pour s'épanouir, aussi réfléchi bien, personnellement, je suis sur de mon amour et de mon envie de vivre avec toi, et même si je me sens coupable de la situation actuelle, je ne supporterai pas de vivre avec quelqu'un qui fait semblant.

La jeune femme se tourna, elle avait eu du mal à terminer ses explications, maintenant les larmes coulaient en abondance sur son visage, elle aurait voulu se retourner, foncer dans les bras de celui qui était l'amour de sa vie, mais les jambes lui manquaient, elle continua à s'éloigner mais pas longtemps, Romain n'avait pas eu à réfléchir longtemps, cette femme était la sienne et il aimait à la folie, il la rattrapa l'entoura de ses bras puissants et d'une voix émue, luit dit

_Ne me refait jamais un coup comme ça, sinon j'en mourrais tellement je t'aime lui avoua-t-il.

Le couple était soudé dans la petite allée du parc ils rejoignirent la maison pour s'étaler dans le salon de l'entrée, là ils passèrent le reste de l'après-midi essayant de rattraper le temps perdu des derniers jours, mais surtout de se réconcilier totalement sans arrière-pensée, ce fut le cas, le bonheur était revenu dans l'immense maison au grand parc, mais il n'était pas seul, un heureux évènement l'accompagnait, Laure, était enceinte, une erreur dans la prise de la pilule et Vincent pointait son nez neuf mois après, sa mère voulant profiter de don du ciel avait pris trois ans de congé sabbatiques, trois ans de bonheur total pour la famille qui nageait dans un enchantement permanant.

Chapitre 3

Cela dura des années, les enfants se portaient bien, leurs comportements à l'école faisaient pâmer leurs parents de fierté et tout se passait bien, souvent Romain pensait à cet incident de parcours, finalement il avait servi à souder plus profondément encore le couple et maintenant dix ans après, il se disait qu'il devait être le seul à s'en souvenir. Laure aussi y pensait aussi de temps en temps et s'en servait dans la vie de tous les jours car à plus de quarante ans elle ne laissait pas les hommes indifférent, et dans son travail elle avait que trop souvent l'occasion de côtoyer la gente masculine, elle avait quitté la perception de Ribérac pour le centre départemental des impôts ou elle assurait la direction d'un service au nom pompeux Prospective et communication, dans son nouveau travail les réunions s'enchainer mais aussi les déplacements, et les occasions de se retrouver à Bordeaux ou Toulouse seule en soirée avec de nombreux cadres débordant d'énergies et d'envies de allonger cette magnifique femme dans leur couche. Mais, elle, fidèle à la conduite quelle s'était fixée, repoussait avec fermeté mais aussi avec le sourire toutes les avances qui lui étaient faites.

Le couple s'était arrangé pour passer le weekend ensemble et même mieux souvent accompagné du lundi car chacun de leur côté faisait de nombreuses heures en dehors des heures normales et ils se battaient comme des chiffonniers pour avoir les jours de récupération, de préférence les lundis, qui depuis quelques temps comptaient pour eux comme des weekends allongés. Ce mode de vie préservait l'unité du couple, les enfants étaient grands, seul Vincent trainé encore à la maison mais pour combien de temps encore. Julien avait choisi la police, et faisait ses classes dans la région Parisienne, amoureux d'une autre élève de son école d'origine Martiniquaise, ils rejoindraient la merveilleuse Ile dès leur sortie, Aurélie malgré ses dix-neuf ans vivaient elle aussi en couple, heureusement avec un gentil garçon qui suivait les mêmes cours de médecine qu'elle à l'université de Bordeaux, eux aussi voulaient s'expatrier et rejoindre médecin sans frontière dans les pays sous-développés, heureusement il restait Vincent gentil rêveur s'il en était, qui ne savait pas trop à quatorze ans ce qu'il ferait demain, mais qui malgré une attitude plus que désinvolte en dehors, faisait un parcours scolaire remarquable, et qui passerait le brevet avant l'été avant de partir un mois en Bretagne rejoindre ses grands-parents qui commençaient à vieillir sérieusement. Ainsi va la vie, les époux Dodain étaient heureux, ils avaient réussi leurs vie, mais alors que Romains à cinquante-deux ans commençait à penser à la retraite, le premier coup de la destinée allait le faire redescendre sur terre. Il venait de vendre leur immense maison, profitant de la bonne tenue du marché immobilier, ils en avaient tiré un bon pactole dont la moitié avait était partagé aux trois enfants, Vincent était majeur et avait choisi sa voix dans une grand école ou il préparait un diplôme d'ingénieur dans un premier temps car personne ne pensait qu'il s'arrêterait là. Aurélie elle n'encaissera jamais son chèque, une rafale de mitraillette au fin fond du Mali avait mis fin à ses jours, ses parents avaient récupérer le corps avec difficulté mais avait pu l'enterrer dans le caveau familial. Ce triste évènement avait fracassé Romain qui en plus depuis quelques temps avait de sérieux ennuis de santé, l'enterrement avait était un calvaire, malgré la venue des deux garçons qui avait fait des pieds et mains pour être présents, Julien était même restait quelques jours, mais la perte de sa fille avait bouleversé son père dans des proportions inquiétantes. Laure essayait de résister au désespoir de son mari, mais comment faire quand pour elle aussi la peine était immense. Le temps passé moins vite depuis le décès de leur fille, même si le couple à aucun moment ne s'était désuni, Romain trainait sa misère en plus de lombalgies récurrentes, les examens n'avaient pas décelé grand-chose dans un premier temps, mais une dernière visite à Bordeaux avait permis la découverte d'une petite tache au niveau des lombaires, hernie discale ou petite tumeur, les médecins ne voulait pas se prononcer et pour l'instant au vu de sa position impossible de tenter une quelconque intervention chirurgicale.

Que faire sinon attendre, mais la roue tournait maintenant dans le mauvais sens car dans la même année, Romain allait perdre ses parents, lui était partie à quatre-vingt-deux ans et elle ne voulant pas rester seule l'avait suivi de très peu. Romain dont l'état s'aggravait n'avait même pas se déplacer pour les enterrements et c'est Laure qui avait du faire le déplacement car le reste de la famille était maintenant installé en Bretagne. Heureusement tous les papiers avaient été faits auparavant, en attendant il restait allongé des journées entière, mis en retraite anticipée, presque infirme il attendait avec impatience la venue d'une jeune kiné qui en plus d'être jolie le soulageait un peu deux fois par jour, Laure n'allait pas bien non plus elle aussi allait perdre ses parents très âgés et malade, on aurait dit qu'ils avaient attendu le pire moment pour partir, mais c'est ainsi et eux qui n'avaient pas connu de deuils, les enchainaient comme on enfile les perle, façon de dire., en trois ans, ils avaient perdu cinq personne qui leur étaient cher, et l'état de Romain semblait s'aggraver de jours en jours. Le départ de Vincent pour les états Unis avait précipité les choses, Laure n'avait pas tourné le volant de la voiture un soir à la débauche désespérée, l'automobile s'était encastrée dans la pile d'un pont. Le jour de l'enterrement, écroulé dans son fauteuil roulant, Romain se sentait bien seul, point d'enfant, quelques cousins éloignés, il s'était tellement aigri qu'il ne déversa pas une larme lorsque disparu le cercueil de celle qu'il avait tant aimé, et qu'il chérissait encore au plus profond de son cœur. Quelques temps après, Romains ne quittait plus son fauteuil, la tumeur ne semblait plus s'étendre, mais le professeur qui le suivait refusait de prendre le risque de l'opération.

Chapitre 4

Pourtant il continuait à vivre, enfin si on peut appeler cela vivre, plutôt survivre, dans sa petite maison, il attendait chaque jours la venue de sa masseuse , son seul rayon de soleil qui lui restait, la jeune femme ne ménageait pas sa peine, elle arrivait vers onze heure trente pour repartir une heure plus tard et le soir c'était aux alentours de dix-sept heures trente, là encore elle restait presque une heure, grâce à son travail, Romain pouvait se levait un peu et marcher pour préparer ses deux repas, et ce qui lui faisait le plus de bien c'était sans doute d'écoutait jeanne qui lui racontait une vie triste à mourir, lui il entendait et essayer de la réconforté, si un malheureux plus une malheureuse n'ont jamais fait deux heureux, il avait l'impression en entendant parler sa Kiné qu' elle aussi avait sa part de malheur, à quarante ans à peine, mariée avec deux grands enfants, elle vivait un enfer depuis quelques années, car son époux tombé au chômage était devenu violent de même que son fils le plus jeune accroc à la drogue et prêt à tout pour avoir sa dose, son deuxième fils avait quitté la maison dès ses dix-huit ans pour fuir tout ça, elle devait affronter seul les deux hommes de la maison qui attendait tout d'elle et surtout son argent. Romain tentait bien de la conseiller mais elle avait porté déjà deux plainte et les coups qu'elle avait reçu en retour la dissuadait dorénavant de recommencer, le temps passé, et un premier évènement allait soulager Jeanine, Olivier son fils de plus en plus dépendant avait attaqué une pharmacie un soir à la débauche, une jeune femme avait dû subir sa violence et la condamnation à cinq ans de prison et surtout l'interdiction de revenir dans le département, l'avait légèrement rassuré et du coup elle se permettait de rester un peu plus longtemps le soir avec son patient privilégié qu'était Romain. Ce dernier était généreux avec la jeune femme et souvent glisser un billet ou deux dans la poche de la blouse, mais son mari fou furieux de la voir rentrer plus tard déboula un soir chez lui et cassa tout dans la maison, et en rentrant s'en prit avec une violence inouïe à son épouse, la jeune femme amochée par les coups avait du être hospitalisée, Romain n'était pas blessé, mais ce nouvel incident le fit retourner le fit replonger au fond du trou. Maintenant pensait-il, à quoi s'accrocher et pourquoi continuer, mais si une hirondelle ne fait pas le printemps, la venue du facteur allé changer le cours de sa vie. Ce dernier était le père d'un ancien ouvrier qui avait pendant un temps été placé sous ses ordres et à qui il avait rendu une fière chandelle en ne signalant pas un incident sur une voie, Gilbert le facteur sonna donc à sa porte en ce lundi de juin, Romain avait pris position comme chaque jour dans une pièce obscure ou il écoutait de la musique pour passer ses journées, Jeanine était revenu depuis peu mais leur relation n'étaient plus les même elle faisait les soin prévus sur les ordonnance mais une seule fois par jour pour le moment, puis elle s'en allait aussitôt, son mari chassé par la justice avait interdiction de l'approchait et avec le sursis qu'il trainait, ce dernier ne prendrait pas le risque d'essayer, la jeune femme était libérée et retrouvait peu à peu une vie normale, mais elle en voulait à Romain de n'avoir pas appuyé la plainte en justice, alors que ce dernier l'avait fait uniquement pour qu'elle n'est pas à payer des dommages à son encontre. Pour revenir au facteur ce dernier lui portait un courrier recommandé et en profita pour lui glisser.

_Dites-moi cela vous intéresse l'adresse d'un magnétiseur dont je suis certain des compétences et des possibilités qu'il a de vous soulager

_Parles, on verra bien lui répondit Romain septique,

Le facteur lui donna un papier sur lequel un nom était écrit, il y avait aussi un numéro de téléphone et un plan de dessiné.

_Ca reprit le préposé, c'est pour vous remercier de ce que vous avez fait pour mon fils, aujourd'hui il est chef d'équipe poursuivit-il fièrement et cela il vous le doit, alors écoutez-moi et allez voir cette personne.

L'homme était parti, Romain pensa qu'on était samedi et que Jeanine ne venait plus ce jour-là, il repartit se plonger dans sa funeste méditation, que faire : continuer à végéter seul sans sa Laure adorée, sans enfants et surtout petits enfants à choyer, oui mais que faire, tout le weekend il se posa cette question, et s'il partait lui aussi, oui se dit-il « si je partais rejoindre celle que j'aime, d'ailleurs pourquoi n'y ai-je pas pensé plutôt ». Perdu dans ses pensées morbides, il n'avait finalement pas vu le temps passer, le dimanche soir il prit son courage à deux mains et décida que c'était le moment d'aller la rejoindre, dans la petite pharmacie du garage, le trop plein de médicaments était rangé, il trouva sans peine les boites de somnifères qu'il n'avait jamais voulait prendre, après avoir mis sur un bout de papier les dernières adresses connues de ces deux fils avec juste un adieu et ces quelques mots, « ceux qui sont partis me manque trop ». il rangea l'appartement le mieux qu'il put, son dos le faisait souffrir énormément, il s'habilla proprement et rasé de frais, bien sur de sa volonté d'en finir et convaincu que c'était le seul moyen de ne plus souffrir, il s'allongea sur son vieux fauteuil, commença à avaler les comprimés un à un, les faisant couler à grande gorgée d'eau quand il eut fini les deux boites pleines, il se rappela ce que disait le médecin « il ne faut pas en abuser, avec une boite vous assommeriez un éléphant », aussi persuadé d'en avoir pris plus que de raison, il s'allongea, très vite le sommeil le gagna et il s'endormit. Complètement assommé, le lundi matin, il n'attendit Jeanine qui frappa à plusieurs reprises à sa porte, et le soir quand cette dernière trop inquiète revint vérifier s'il allait bien, là encore il ne répondit point, mais la femme comprit qu'il se passait quelque chose d'anormal, elle fit le tour de la petite maison et ouvrit la porte de derrière qui donnait dans la cuisine, prudemment elle ouvrit la lumière, et avança sans faire de bruit vers le petit salon ou elle savait que Monsieur Dodain passait ses journées, et la dans l'obscurité de la pièce, elle entendit un léger ronflement régulier, après quelque pas supplémentaires, elle aperçut dans la pénombre l'homme qui dormait, mais elle ne partit pas, elle s'approcha un peu plus et découvrit le deux boites de médicaments, au lieu de s'affoler elle prit délicatement le pouls de son malade, ce dernier battait très régulièrement, elle emporta les deux emballages dans la cuisine et fut vite soulagée à la lecture de la notice, les somnifères étaient très légers, et Romain ne risquait rien à son grand soulagement, elle revint le retrouver, enleva la lettre qu'il avait laissé, le couvrit pour qu'il n'attrape pas froid et sans bruit s'en alla. Très tôt le mardi matin elle revint, s'il dormait toujours son patient commençait à s'agité, elle entrouvrit les volets ce qui éclaira la pièce, l'homme se leva aussi brusquement que son état pouvait lui permettre, quand il vit sa Kiné, il s'écria « ma parole je suis déjà au paradis » et essaya de se diriger le plus rapidement possible vers les toilettes. Jeanine l'aida du mieux qu'elle pouvait dans sa tâche puis l'installa sur la table ou elle le massait, aucun des deux n'avait parlé, doucement elle commença à le masser, contentieusement, réchauffant ses membres engourdies, lui redonnant pour quelques instant vie, se sentant mieux, il se laissa aller,

_Comment se fait-il que vous soyez là si de bonne heure interrogea-t-il enfin, soucieux en quelque part de savoir ce qui s'était.

_j'étais inquiète répondit-elle, je suis passé hier, j'ai vu ce que vous aviez fait expliqua-t-elle, je ne vous blâme pas, souvent j'ai pensé moi aussi à cette solution, mais un peu grâce à vous j'ai continué à me battre.

_Mais Jeanine, vous m'en voulez depuis cette affaire répondit-il,

_Je m'étais trompé et je m'en excuse car j'avais mal interprété vos intentions confessa-t-elle, aujourd'hui je sais que c'est pour me protéger financièrement que vous n'avez pas porté plainte et je vous en remercie, vous allez voir poursuivit-elle je vais m'occupez bien de vous et on va aller voir ce magnétiseur dont le facteur m'a aussi parlé, d'ailleurs dès ce soir, à mon retour on prend rendez-vous, je vous laisse maintenant je dois embaucher au cabinet à ce soir termina-telle.

Romain avait refermé les volets du petits salon, il avait honte, seul dans le noir il se penchait une nouvelle fois sur ce qu'il pouvait attendre de l'avenir et se mit à espérer, il verrait bien ce soir avec Jeanine, encore sous l'effet des comprimés il se rendormi, et ne se réveilla que tard dans l'après-midi. Il juste le temps de se prendre une bonne douche , de se raser et de s'habiller avant que la femme arrive, il était dix-huit heures quand elle sonna et entra dans la maisonnette, après pendant près de trente minutes elle lui développa lentement les explications de l'avocat chargé de son divorce qui lui avait fait comprendre son erreur , ça avait mis un peu de temps à faire son chemin mais maintenant elle savait que Romain ne voulait que son bien et elle lui proposait pour le remercier de l'accompagner voir le magnétiseur, ils prendraient sa voiture et elle conduirait, de plus pour ses visites elle viendrait dorénavant à huit heures le matin et dix-huit heures l'après-midi, ce serait plus simple pour elle et le soir elle pourrait rester un peu plus longtemps du moins s'il le désirait. Romain commençait à assimiler tout cela il donna son accord, mais un accord provisoire lui dit-il, il ne voulait surtout pas que Jeanine soit sa bonniche, pas cela pensa-t-il, pour lui la pendule de la vie s'était remise en marche, elle ne s'était même pas arrêté vraiment, mais avait-il vraiment envie qu'elle continue ?

En attendant le jeudi suivant, à dix-huit heures trente ils arrivèrent en compagnie de Jeanine chez le fameux guérisseur, l'homme qui les accueilli était petit, chauve et rondouillard, il les salua et invita Romain à rentre dans un petit salon où il le fit allonger, la pièce était sombre et une musique lancinante berçait l'atmosphère,

_Je me présente attaqua son hôte, je m'appelle Joël Degaint, j'ai soixante-douze ans et je vais vous dire dans dix minutes ce que je peux faire pour vous soulager, il le fit étendre sur un lit étroit et mit un peu plus fort sa musique étrange, douce mais soporifique, après il passa ses mains sur l'ensemble du corps de son patient avec lenteur, Romain sentait une douce chaleur lui irradiait les chairs, l'homme respirait plus fort et transpirait abondamment, enfin il arrêta ses manipulations et lui dit,

_Si vous continuez à venir me consulter, il faudra vous ouvrir complètement et avoir une confiance totale en moi, mes tarifs sont de deux cent francs la visite, cela vous convient-il ?

_Parfaitement répondit Romain, qui s'était déjà abandonné sur le petit lit ou il était allongé,

Fatigué et usé ce dernier s'était dit qu'il fallait ne rien regretter et s'était décidé à être coopératif.

La séance dura un petit quand d'heure, puis il le fit sortir, Jeanine vint à leur rencontre et à ce moment précis, l'homme parla ;

_Voilà dit-il, vous avez quelques soucis sur une vertèbre lombaire, mais rien de grave, vous avez aussi beaucoup de stress et votre esprit est préoccupé, je peux vous soulagé pour le dos, dans trois semaine vous n'aurez aucun problème pour vous déplacer et vous ne souffrirez plus, et dans trois mois environ, vous aurez envie de partir en vacances croyez-moi, maintenant êtes-vous prêt à vous à venir autant de fois, car même après trois mois il faudra tous les deux mois, puis tous les trois mois me rendre visite une fois ou deux, et je pense qu'au bout d'une année, nous n'aurons plus besoin de nous voir exposa le magnétiseur, la balle et dans votre quand.

_A quand la prochaine visite répondit Romain,

_Samedi dix heures, puis lundi dix-huit heures trente, mercredi et vendredi même heures proposa le guérisseur, puis il ajouta, déjà je vous promets que vendredi prochain, les douleurs auront disparues.

Ce fut vrai, Romain n'en revenait pas le vendredi d'après, le soir il se coucha complètement soulagé et le samedi matin alla s'approvisionner au marché, ce qui ne lui était pas arrivé depuis si longtemps. La vie reprenait le dessus, deux mois étaient passés, Jeanine venait moins souvent, Romain marchait dorénavant régulièrement plusieurs kilomètres par jour et sa santé s'améliorait, pourtant lors de sa dernière visite chez son médecin traitant, il avait joué la comédie et son toubib lui avait prescrit sans hésité deux mois de plus de Kiné, il en était heureux, les massages de Jeanine lui manquait, il le lui dit, elle n'avait pas su trop quoi pensé, mais venait de nouveau deux fois par jour le masser.

_Je m'excuse lui dit-il lors de son retour, mais vos mains me manquent, enfin c'est vous entière qui me manquait lui avoua-t-il, mais si vous avez trop de travail je comprendrai votre refus, vous avez déjà fait tellement pour moi, alors ne vous gênez pas, répondez franchement, sachez que si vous venez, je vous règlerai comme avant même un plus cher promit-il.

Romain ne s'arrêtait pas de parler comme si la réponse lui faisait peur, mais Jeanine le rassura et ils se mirent d'accord, par exemple elle ne viendrait plus le vendredi soir mais à la place le samedi matin pour les reste comme d'habitude. La kiné eut le plaisir de voir un sourire radieux sur le visage de Romain Dodain, non ce n'était pas une renaissance, à cinquante-sept ans passé, l'homme avait vécu, mais une seconde chance de connaitre autre chose s'offrait à lui et même s'il ne se faisait que peu d'illusion. Le temps s'était remis à passer, l'été laissé place à un automne pluvieux, mais doux, Romain faisait des projets, une nouvelle ordonnance de deux mois le comblait de joie, Jeanine allait de nouveau s'occuper de lui et la vie s'écoulait doucement.

Chapitre 5

L'année touchait à sa fin, tout le monde annoncé le bug de l'an 2000 mai Romain ni prêtait pas trop d'attention, même s'il avait acquis un ordinateur et qu'il trouvait cela bien pratique, non ce qui l'inquiétait, c'est que Jeanine prenait son envol dans la vie, et de salariée elle devenait Kiné à son compte, avec sa collègue, elles avait racheté le cabinet de leur patron parti à la retraite, et comme le médecin ne lui avait pas prescrit de séances supplémentaires il ne voyait pratiquement plus la jeune femme, dorénavant, cette dernière fréquentait un homme de son âge et ils allaient se mettre en ménage bientôt, elle ne voulait plus perdre de temps et avait précipité les choses, autant dire que leur relation touchait au but et que ses visites allaient se terminer. Romain s'intéressait depuis qu'il pouvait remarcher comme il faut, aux étangs de la double, il avait trouvé dans ses papiers un vieux plan d'un étang qu'il aurait bien aimé acheter vingt ans auparavant et cela, lui avait donné l'idée de se remettre à la quête de ce vieux rêve. Il avait tracé des plans et défini un secteur de recherche, entre plusieurs communes, « immense se disait-il » en effet cela faisait plus de trente mille hectares d'étendue avec disséminé çà et là des petites taches bleues qui représentaient les nombreux plans d'eau de la région, mais plus pour lui, un nouveau but dans la vie et il allait s'y attacher, « au moins pensait-il je serais occupé et je vais rencontrer des gens avec qui je vais pouvoir échanger », rien que cela le motivait, il était resté trop longtemps replié sur lui-même s'abandonnant à une solitude protectrice mais peu source de lendemain, sa tentative manqué de mettre fin à ses jours, le soutien de Jeanine lui avait remis un peu d'entrain dans son comportement, il fallait au plus vite qu'il se mette à l'œuvre, sinon il ne manquerai pas de retomber dans le marasme dont il venait à peine de sortir.

Jeanine devenait du passé, avait-elle représenté un quelconque avenir, sans doute pas, mais elle lui avait apporté tant de douceur, de chaleur, que maintenant son absence, lui laissait un vide de plus qui s'ajoutait au gouffre béant qu'avait creusé le départ de sa fille et de sa femme chérie. « Il faut que je m'accroche se disait-il sinon je vais déraper de nouveau ». Tous les jours il faisait une sortie, il avait préparé une annonce, fait des copies et partait dans les petites communes choisies porter son affichette qui portait les inscriptions suivantes « particulier cherche étang supérieur à un hectare, avec terrain autour si possible : « faire offre à Mr R Dodain ». Il avait commencé à St Laurent, puis St Barthélemy, Echourgnac et St André, il se rendait ce jeudi de janvier sur le village de St Michel, et c'est alors qui sortait de la petite mairie ou il avait déposé son annonce qu'il croisa une vielle connaissance,
_Roland Maze s'écria-t-il en voyant l'homme qui venait lui aussi à la mairie

_Romain Dodain répondit l'autre

Les deux hommes se serrèrent la main avec ferveur, ils avaient passé leur service militaire ensemble et s'était perdu de vu à la sortie, la discussion durait depuis un quart d'heure quand son compagnon lui dit ;

_Ecoute je pose un papier à la mairie et on boit un verre ensemble, si tu as cinq minutes évidemment.

Pour sur qu'il était d'accord, il se retrouvèrent dans le petit café qui bordait le carrefour à la sortie du village, là il parlèrent longuement d'eux, de leurs malheurs ou de leurs joies, Roland vivait avec une jeune femme de trente de moins que lui et cela se passait comme un rêve avec sa belle sauf qu'il avait été licencié de son poste de veilleur de nuit et qu'il avait un peu de mal à joindre les deux bouts, heureusement sa compagne était receveur à la poste et lui avait pu vendre quelques parcelles de terrain qui lui permettait de tenir, sa retraite étant pour l'année prochaine. Quand Romain lui parla de ses projets, son ami lui avoua qu'il connaissait un site fantastique, mais que malheureusement il appartenait à deux frères pour moitié et l'un ne voulait pas vendre,

_Si tu veux poursuivit Roland, en partant passe par l'église et arrête toi derrière lui précisa-t-il, je ne sais pas si en cette saison on le distingue, mais tu verras, ça te donnera une idée des lieux et vu que tu as du temps, lundi matin passe me chercher vers huit-heures trente je t'y amènerai.

_A lundi lui lança Romain,

Dorénavant, il ne tenait plus en place, cette rencontre l'avait ravi et il avait hâte de pouvoir découvrir les lieux. Malheureusement, ce jour-là, il ne pur apercevoir les lieux du promontoire de l'église, en effet il ne savait pas ou trop regarder et il resta sur sa faim.

Mais décidément la vie réserve toujours des surprises et lors de sa visite du samedi matin, il reçut une Jeanine déconfite, les yeux cernés et les traits tirés, Romain essaya de savoir ce qui n'allait pas mais dans un premier temps la femme se contenta de pleurer abondamment blotti contre son épaule, mais peu à peu mise en confiance, elle se laissa aller à la confidence et se délesta de ces malheurs. René, son nouvel ami, s'était montré dans premier temps avenant et gentil, quand Jeanine avait accepté de venir dormir, chez lui, il avait explosé, fou de joie, mais une fois dans son antre le pervers qu'il était avait repris le dessus, et dans l'intimité de la couche lui avait imposé des relations qu'elle ne voulaient pas, leur première véritable soirée avait tourné court, et mis fin à leur vie commune, mais depuis il la harcelait au téléphone et venait monter la garde devant chez elle pour voir si d'autre personne venait la voir. Dés quelle voulait sortir, il se précipitait pour essayer de la convaincre de renouer avec lui, elle ne dormait plus et n'était pas tranquille, décidément elle n'avait pas de chance avec les hommes, même si cela ne l'avait pas frappé, c'était aussi traumatisant pour cette femme que fuyait le bonheur. Romain n'avait pas trop envie de se mêler de cette histoire, mais Jeanine ne l'avait jamais laissé tomber, il se dit qu'il pouvait, plutôt qu'il devait faire quelque chose pour elle, mais quoi.

Finalement la Kiné qui ne l'avait même pas massé, resta la journée avec lui, ils eurent le temps de parler de chose et d'autre, mais surtout de comment se débarrasser de l'encombrant René.

_Vous comprenez, si je vais encore à la gendarmerie, ils vont croire que je dis des bêtises pleurnicha-t-elle

-bon reprit Romain, dans un premier temps n'oublie pas que tu dois arriver à me tutoyer sinon comment veux-tu que je t'aide ?

_Je vais essayer, mais cela ne va être facile avoua Jeanine,
Ils avaient passé la journée ensemble et beaucoup parlé, cherché des solutions aussi mais de ce côté-là pas grand-chose de nouveau et finalement le soir, elle

avait squatté la chambre d'amis. Le lendemain-matin, Romain s'était mis en quatre pour le petit déjeuner, croissants frais petit bouquet de fleurs, ornaient une table bien garnie.

Quand il s'avança pour voir si Jeanine était réveillée, il découvrit une très belle femme allongée en travers du lit, les cheveux dans le visage lui donnait une allure tranquille, sereine et les épaules largement découverte par une veste de pyjama bien trop grande, laissaient deviner des formes généreuses, ne voulant pas jouer les voyeurs, mais surtout troublé par un spectacle depuis si longtemps absent, il referma doucement la porte, mais elle avait le sommeil léger et quelques secondes plus tard elle le rejoignait dans le salon où il attendait.

_C'est somptueux déclara-t-elle, merci Romain, ça va être un super petit déjeuner et en plus grâce à toi j'ai passé une bonne nuit, je te remercie encore dit-elle

Lui était aux anges, elle venait de la tutoyer et rien que cela le transportait de bonheur, il n se faisait aucune illusion, bien au contraire, il avait juste besoin, plus que d'habitude d'une présence et elle tombait au mieux. Pendant qu'ils prenaient en riant leur petit déjeuner, Il eut une idée saugrenue, et ce dit que malgré tout pourquoi pas ; il allait jouer au corbeau, qui sait, l'amant exigeant aurait-il peur.

_Je ne sais pas ce que tu en penses mai voici ce que nous pourrions faire lui suggéra-t-il :

Deux heures plus tard, au volant sa Renault vingt et un, ils s'arrêtaient à la cabine téléphonique de la gare, de-là, ils appelèrent la gendarmerie de la petite bourgade et d'une voie qu'il essaya de dissimuler, il dit,

_Bonjour, je suis un voisin à Madame Jeanine Boyer, je voulais vous signaler que cette dernière qui n'a vraiment pas de chance essaie de débarrasser une nouvelle fois d'un homme qui est violent, elle n'osera pas se plaindre car elle a déjà fait, mais si vous n'intervenez pas rapidement ce soir elle va dérouiller et vous en serez responsable finit il en criant presque, moi continua-t-il , après, je sais à qui m'adresser !

Il ne revenait pas de ce qu'il venait de faire, ils restaient silencieux dans la voiture, n'osant parler, elle lui avait demandé de passer devant chez elle pour prendre quelques affaires mais il était là, attendant qu'elle arrive pour lui parler ou qui sait l'agresser, ils venaient de faire demi-tour quand la petite estafette de gendarmerie déboula, l'homme était remonté en vitesse dans sa Peugeot mais garé en plus devant une impasse il ne put dégager, les gendarmes s'affairaient autour de lui, il l'avait conduit à l'intérieur de leur véhicule ; Jeanine en profita, elle descendit, et fit comme si elle rentrait chez elle, passant près du véhicule et faisant mine de découvrir l'individu, elle s'écria :

_Mais tu vas me laisser tranquille dit-elle, je n'en peux plus messieurs les agents, je ne voulais pas vous appeler pour ne pas vous déranger, mais il m'empêche de vivre vous comprenez.

_Ne vous n'inquiétez pas madame, si on reprend ce monsieur à trainer par ici, ce sera la prison direct, je peux vous l'assurer grogna le gendarme en regardant l'homme avec un regard noir, vous avez bien compris, lui répéta-t-il au premier faux pas ou un appel de madame, c'est la prison.

Jeanine remercia les deux policiers, et les invita à prendre un café mais ils n'avaient pas trop le temps mais ils promirent de revenir, et dés qu'ils furent partis, elle put rejoindre Romain avec le sourire jusqu'aux oreilles.

_Il faut que je te remercie encore, et pour cela si tu es disponible je t'invite au restaurant demanda-t-elle ?

_C'est d'accord si c'est moi qui l'invite par contre c'est toi qui choisit le restaurant

Ils s'étaient mis d'accord et rentrèrent chez lui car il était tout juste onze heure, une fois arrivé chez lui, elle s'aperçut qu'elle ne s'était pas changée, Romain lui proposa de regarder dans les deux armoires du garage, il y avait encore des affaires qu'ils n'avait pas jeter, de sa fille et de sa femme, une demi-heure plus tard, il eut droit à un défilé d'un superbe mannequin, tout lui allait mais même s'il ne voulait pas, elle ne lui avait pas caché grand de chose de son intimité.

_Ecoute choisit lui supplia-t-il ? Tu es magnifique, superbe et très bien faite, mais pour moi qui n'est pas vu de femme depuis si longtemps, tu m'impose un véritable calvaire car je te le confirme tu es, très, mais vraiment très belle. Rouge comme une jeune mariée, elle cacha ses formes généreuses au regard de l'homme que depuis quelques jours elle ne trouvait pas si vieux, une grosse heure plus tard, ils s'arrêtaient dans une superbe petite auberge qu'elle avait eu souvent envie de fréquenter.

_Tu sais j'ai de l'argent alors s'il te plait ne regardons pas à la dépense lui avait-il dit,

Ils passèrent un déjeuner somptueux et l'après-midi, le soleil comme pour mieux les accompagner brillait, aussi avait il fait la ballade au bord du canal, et le soir avant de passer chercher ses affaires et sa petite deux cent six chez lui ils repassèrent devant chez elle mais point d'individu bizarre, rassuré, elle en profita pour rentrer mais avant de partir, elle resta un long moment blotti contre lui. Il s'endormit très vite la nuit venue, le weekend avait été délicieux, quel moment de bonheur après de si longues années de désespérance et de tristesse, il avait un peu de mal à s'y faire. Le lendemain matin à huit heures trente précises il était chez Roland à St Michel, ce dernier l'invita à entrer pour prendre le café.

_Entre lui dit-il en plaisantant, le chien n'est pas méchant et la patronne non plus

La jeune femme était plutôt charmante, aux alentours de trente-cinq ans à vue de nez, charmante, souriante et accueillante, pensa-t-il,

_Asseyez-vous dit-elle en se présentant, je suis Françoise sa compagne et je ne vous laisse entre garçon, la poste m'appelle finit elle en se retirant.

_Tu as de la chance ; elle est superbe dit Romain

Mais il n'eut pas de réponse, Roland était sorti accompagner sa belle, et lorsqu'il revint, il trouva son visiteur assit avec le petit épagneul sur les genoux.

_Bon lui dit ce dernier au retour pense à prendre le chien, il est vacciné, tatoué, et il cherche un patron, maintenant si tu as fini ton café, on est parti, mais on va prendre mon tacot on aura moins à marcher. Au volant d'un quatre-quatre plus de la première jeunesse ils prirent la direction de l'étang, Ils passèrent derrière l'église et empruntèrent un chemin enherbé avant de continuer sur un autre en piteux état, enfin après moult chaos et bosses ils arrivèrent à une passagère de barbelés fermé à cadenas. Bizarrement ils n'apercevaient pas le plan d'eau, pourtant Rolland lui avait assuré qu'il était arrivé, ils passèrent sous les fils et juste derrière un promontoire ils purent apercevoir la vallée d'un ruisseau et la queue de l'étang, plus ils s'approchaient et plus l'étendue d'eau leur apparaissait,

_C'est immense dit Romain !

_Trois hectares passés répondit son chauffeur, et en plus la bâtisse qui est en bas de la petite colline en fait partie comme une grosse partie de la vallée, tu vois poursuivit-il, si tu fais affaire je suis propriétaire du reste du ruisseau jusqu'à la départementale et je te vendrais un bon prix toute cette parcelle

Romain trouvait les lieux magnifiques, immenses aussi, mais que désirer de mieux pour finir sa vie pensa-t-il, le rêve, il en oubliait presque Jeanine la belle est superbe Jeanine,

_Alors reprit Roland qu'en penses- tu ?

_Que du bien, répondit-il mais crois-tu que c'est à vendre, et combien,

_Pour ma parcelle, j'en veux cinquante mille franc, cinq millions anciens si tu préfères, les deux frangins qui sont propriétaires sont fâchés, l'un des deux est vendeur et le bien a été estimé à trente mille francs expliqua Roland, reste à avoir l'accord de l'autre, mais poursuivit-il, on a de la chance, il est à la pêche devant la cabane, viens on va vite savoir.

L'homme les regardait arrivé avec méfiance, et ne leva la tête qu'une fois les deux hommes à ses cotés ;

_Alors Monsieur Ardiller ça mords ?

Le pêcheur venait de reconnaitre son interlocuteur et souri enfin

_Roland comment vas-tu mon drôle et qui es ton accompagnateur ?

_Un ami, qui cherche à acheter un étang,

_Mais Roland, reprit l'l'homme si je vends mon étant, je pêcherais ou après.

_Ici répondit Romain avec beaucoup de calme, si e vous achète ce lieu magnifique je peux vous garantir le droit de pêche jusqu'à la fin de vos jours promit-il.

_C'est bien dit, mais es-tu- prêt à mettre trente-cinq mille francs sur la table questionna l'homme et surtout ne me parle pas d'euro affirma-t-il.

_Trente-cinq mille non avoua l'acheteur, mais à trente si vous êtes d'accord on fait affaire,

_Je ne suis pas seul concerné reprit le père Ardiller, mais Roland, si mon frère est d'accord, tu vois cela avec lui, moi ça me va.

Les deux hommes se serrèrent la main avec fermeté.

Roland et Romain prirent le chemin du retour avec beaucoup plus de légèreté, dans sa tête le second se voyait déjà allongé sous les grands chênes sur une chaise longue, le petit épagneul couchait à côté de lui, écoutant de la musique, le rêve quoi. Quand à Roland, il n'avait pas oublié la promesse d'achat de son morceau de bois que pas grand monde n'avait voulu lui acheter, aussi à peine déposé à sa maison, il était parti chez le frère Ardiller, cela n'allait pas être simple pour convaincre le bonhomme, et l'apéritif serait difficile, mais il pensait avoir des chances d'y arriver. Chez lui le soir Romain espérait secrètement un appel de Roland, mais point du tout, il se coucha agacé surtout que Jeanine ne donnait toujours pas signe de vie, une mauvaise soirée se dit-il en se couchant espérant en vain le sommeil, et c'est très tard dans la nuit qu'il arriva enfin à s'endormir. Le réveil ne fut pas meilleur que le coucher, fatigué et grognon, il prit son petit déjeuner rapidement et fila chez le notaire, comme c'était devenu un très bon client, celui-ci le reçu malgré son manque de rendez-vous, Romain pu lui poser plein de question sur l'achat des biens qu'il souhaitait acquérir, les moyens, ils les avait sans problème, et les transactions pouvaient se faire très rapidement, rassuré il reprit la direction de son petit appartement qu'il comptait quitter bien vite, en attendant c'était l'heure de déjeuner et il s'aperçut que ses réserves étaient vides, pas le moindre bout de jambon, ni de boite de conserve, pas même un quelconque surgelé à faire réchauffé, en plus midi sonné, il se décida à partir faire des courses, il mangerait à la petite cafeteria du supermarché qui s'était monté à la sortie de Mussidan sur la commune voisine de St Médard, en plus il pensait aussi au chien car à son propos il ne savait pas si Roland plaisantait, mais lui l'aurait bien récupéré, en attendant, sa Renault Vingt et un et lui se garait sur l'immense parking de l'Hypermarché, il prit un chariot et commença à le garnir de bricoles susceptibles de faire un repas, quand il pensa que c'était assez, il se dirigea ver la cafeteria, et c'est là qu'il aperçut Jeanine assit à une petite table en compagnie d'un homme de son âge qui lui tenait la main, ile couple avait l'air de bien se connaitre, l'homme n'arrêtait pas de caresser la joue de sa voisine de façon tendre et amoureuse, Romain fit demi-tour rapidement mais Jeanine l'avait aperçu, il eut juste le temps d'apercevoir un sourire crispé sur le visage de la belle kiné, très vite il se précipita à sa voiture et déchargea les courses en vrac dans son coffre, il ne rangea même pas le chariot, le laissant à côté de son véhicule et il put s'enfuir vers son domicile. Il s'enferma à double tour dans sa petite maison après avoir rangé sa voiture dans le garage et ne voyant personne venir, finalement déçu, il s'enfonça dans la petite banquette et se laissa emporter par la douce musique qui sortait de la radio. Après la courte nuit, très vite il s'endormit, mais décidément le téléphone en avait décidé autrement, car à peine ses yeux se fermaient-ils, qu'il se mit à sonner réveillant le dormeur et l'invitant à décrocher. C'était son notaire et conseille qui le rappelait pour lui donner quelques infos sur les recherches qui lui avait demandé sur certains documents, mal réveillé grogui par un sommeil interrompu brutalement, il du mal à refaire surface, pourtant il était à peine dix-sept heures , il faisait presque nuit il regretta d'avoir rentré sa voiture, « tant pis se dit-il, la vieille Renault six est dehors, je vais la prendre »vingt minutes plus tard, il arrivait chez son nouveau copain, il avait mis dans le coffre un carton de bon vin, avec l'idée en tête de ramener le chien. Roland n'était pas là, c'est sa charmante compagne qui l'accueillit.

_Il ne va pas tarder à rentrer lui annonça-t-elle, justement il travaille pour vous il chez Adrien Ardiller le frère.

_J'étais aussi venu pour le chien, avoua-t-il timidement ?

La superbe jeune femme le troublait et cela se voyait,

_Honnêtement, je ne savais pas si Roland plaisantait ou pas quand il m'a dit que je pouvais le prendre reprit-il.

_Non, il ne plaisantait pas affirma-t-elle, il avait récupéré pour la chasse mais apparemment il est très peureux et il comme il adore les animaux il ne le donnera qu'à une personne avec qui il sait que l'animal sera bien traité conclu-t-elle.

Heureux tout simplement heureux de la réponse, désormais il n'était plus tout seul et les longues journées seraient moins tristes, il regardait avec affection la boule de poils qui dormait prêt de la cheminée, et l'imaginait déjà dans sa maison. Un coup de klaxon le sortit de ses rêves, Roland arrivé et rapidement les rejoignit au coin du feu, dès son entrée dans la pièce il taquina Romain,

_Alors cher ami attaqua-t-il on profite de mon absence pour venir voir ma femme.

_En premier lieu répondit vivement cette dernière on n'est pas marié que je sache et en plus je suis majeur alors tu n'as rien à dire.

Il embrassa tendrement sa compagne devant un visiteur plutôt gêné et poursuivi,

_Tu ne vas pas te marié avec un vieux clou comme moi, belle comme tu es et en plus aussi jeune, ce serait du gâchis continua-t-il en plaisantant, mais bon je suppose que Romain avait envie d'avoir une réponse pour l'étang.

_Pour l'étang et le chien aussi ajouta-t-elle, du moins je pense,

_Vous penser bien Françoise et je me demande si la priorité ne va pas à l'animal,

Roland le regarda avec compassion, il venait de comprendre que son copain de régiment était seul et qu'il en souffrait.

_Le chien est à toi, trouve lui un nom une niche et emporte le, pour l'étang cela s'annonce au mieux, les frangins se sont rabibochés et ils veulent discuter le prix, mais l'affaire se présente bien, ils seront samedi matin au marché et si peux convaincre le notaire de nous recevoir en début d'après-midi après le bon repas que tu vas nous offrir poursuivait-il, je suis sur que ça va le faire, mais il faut que t'ajoutes dix mille francs au moins, sinon ils sont têtus et vont se monter le bourrichon je les connais expliqua-till sereinement.

_Tu peux donner mon accord pour les dix mille mais pas plus et pour le chien questionna Romain ?

_Le chien pourvu qu'il soit heureux, porte moi une bonne bouteille et invite moi à quelques casse-croute quand aura ton plan d'eau et là aussi l'affaire est faite.

Aussitôt dit aussitôt fait, Romain était sorti et attrapé le carton de vin qu'il s'empressa de donner à Roland

_Merci, dit ce dernier dont les yeux brillaient devant le carton de Saint Emillon, mais je rigolais en te disant cela ajouta-t-il.

_Mais moi ça me fait plaisir, énormément plaisir et je n'ai qu'un regret de ne pas avoir pensé à porter un bouquet de fleur à madame déclara-il, maintenant je rentre chez moi sans la crainte de me retrouver seul demain matin, et la tête pleine de projet, jamais je ne te remercierai assez, et pour samedi je m'occupe de tout, vous n'avez pas d'inquiétude à avoir, bonne soirée à vous deux et à bientôt finit-il.

Dans la voiture le chien trônait sur le siège passager, il était déjà chez lui, fallait lui trouver un nom, mais une fois à la maison, Romain s'aperçut que sur son carnet de santé il s'appelait bandit, il regarda l'animal et trouva que ça lui allait bien, il le caressa longuement, lui mit une petite couverture par terre dans un coin avec un récipient d'eau, « heureusement que j'ai fait les courses pensa-t-il » ce qui lui permit d couper à l'animal une tranche de jambon. Le chien suivait son nouveau patron des yeux avec sollicitude, « tu ne seras pas malheureux avec moi lui dit-il, tu verras ». Le lendemain matin il se réveilla, l'animal grattait à la porte pour sortir, Romain se hâta de lui ouvrir la porte et Bandit put sortir faire ses besoins, toute la journée fut consacré au chien, les achats, les aménagements avec une chatière posée avant la nuit, « décidément un chien, ça vous change la vie conclu-t-il ». Le samedi se passa plutôt bien, Roland avait bien travaillé, ils passèrent une très bonne matinée et le restaurant fut agrémenté par la visite de Françoise, le notaire avait tout préparé et les signatures se posèrent sans difficulté sur les documents, Romain se sentait un autre homme et n'hésita pas à inviter tout le monde à boire un pot chez lui, Françoise déclina l'invitation mais les deux frangins Ardiller et Roland ne se firent pas prier et deux heures après leur état commençait à sérieusement inquiéter leur hôte ? Faut dire que le champagne leur avait plus et que si la quatrième bouteille n'était pas complètement vide les trois premières si, et en plus Romain n'en n'avait pas bu une goutte.

Les trois hommes réclamaient l'apéritif que ce dernier ne put décemment refuser de leur offrir, mais très vite complètement ivres ils voulurent partir, mais dans cet état cela n'allait pas être facile, Romain proposa donc de les ramener, Roland refusa,

_Il me faut ma voiture à sept heures demain matin, donc je rentre avec.

Pour faire face à ce dilemme, c'est Romain qui prit les commandes du quatre-quatre et heureusement car à la sortie de la ville, la maréchaussée faisait un contrôle, qui purent passer sans problème grâce à leur sobre conducteur, qui déposa les deux frères, l'un après l'autre dans leur demeure avant de ramener son copain chez lui en espérant que sa compagne accepterait de le ramener. Roland s'était endormi, la vitre ouverte malgré le froid de l'hiver e il eut bien du mal à le réveiller et le sortir de la voiture, puis péniblement il essaya de le trainer dans la maison, mais seul il avait bien du mal, ne voyant personne entrer, Françoise était sorti , furieuse de voir son homme dans cet état, les deux compagnons en prirent pour leur grade, Romain essaya maladroitement de s'excuser mais la charmante dame ne voulait rien entendre et les couvrant d'injures et de reproches, mais voyant que le couple allait s'étaler elle aida néanmoins à porter Roland sur le canapé du salon, puis sans un mot elle monta direct dans sa chambre laissant Romain dans un total désarroi.il sortit de la maison, frigorifié, dehors un vent du nord soufflait à vous couper en deux, pour couronner le tout, des brins de neige s'étaient mis à tomber, pas moins de dix kilomètres à faire à pied pour rentrer, la tâche était loin d'être facile, aussi se décida-t-il à partir, l n'était pas trop tard, il aurait qui sait la chance de trouver un chauffeur, il venait de sortir du petit bourg quand une voiture surgit, mais le conducteur ne répondit pas à ses signes et il continua glacé par le froid à marcher vers chez lui, au début il marchait assez vite mais même s'il avait repris l'exercices depuis quelques semaines, la fatigue surgissait déjà, l'engourdissant un plus, sa vitesse s'était ralentie, les pas étaient plus cours, heureusement une autre voiture arrivait, il se retourna vers elle hagard, les phares du véhicules l'aveuglaient , mais heureusement l'automobile avait stoppé. Il entendit à peine une portière s'ouvrir, il reconnut la voix, c'était Françoise, elle aida à monter sur le siège, referma au plus vite la porte, et grimpa à son tour au volant.

_ Je vous demande pardon dit-elle d'un ton plein de regrets,

Mais lui ne pouvait répondre, mort de froid et de fatigue, elle n'avait toujours pas redémarré, elle prit ses mains dans les siennes et tenta en vain de les réchauffer, le chauffage de la petite Clio tournait au maximum, mais Romain n'avait pas encore pu dire un mot.

_Je suis vraiment désolé, reprit-elle, mais comment ai-je été aussi bête pour vous laisser partir par un tel temps,

Un véhicule arrivait en face, Françoise avança un peu et se gara en laissant tourner le moteur, et entreprit de lui réchauffer les mains en lui frictionnant avec force,
_Attendait, je vais vous passer mon manteau proposa-t-elle

Enfin Romain parla, refusant la proposition de le jeune, malgré son état, il avait vite remarqué qu'elle n'avait pris que cela dessus une chemise de nuit, mais la compagne à Roland insistait, il dit non encore.

_Ecoutes, annonça-t-il d'une voix tremblante je suis frigorifié, déjà si tu continuais à me tutoyer ça m'aiderai un peu, pour le reste le chauffage devrait faire le reste, mais avec le temps qu'il fait il ne faudrait pas que l'on soit bloqué par la neige. Elle n'en démordait et en disant cela elle avait ouvert son manteau, mais le garda finalement sur elle, car elle venait de s'apercevoir de sa tenue et de l'effet qu'elle devait avoir sur son passager , quelques instant plus tard, il était enfin réchauffé, de son côté Françoise avait réajusté son manteau, au grand regret de son Romain, qui depuis qu'il avait retrouvé l'énergie, plongeait sans vergogne son regard dans le large décolleté du sous-vêtement, rassuré par l'état de son passager, elle reprit prudemment la route, et à petite vitesse le reconduisis chez lui, quand elle le déposa une nouvelle fois elle s'excusa et lui fit promettre de ne toucher mot de sa tenue à Roland, « si tu savais comme il est jaloux avait-elle ajouté ». Mais quand il embrassa pout lui dire au revoir, il remarqua que les bises s'étaient largement recentrées et que la troisième était à a limite d'un baiser, sans doute pour se faire pardonner imagina-t-i. Son chien arriva en grande vitesse et entreprit une véritable sarabande pour le saluer et lui montrer son contentement, il s'occupa de lui pendant de longues minutes, mais harassé finit par s'endormir sur le canapé. Le matin, il se réveilla, courbaturé et gelé, la cheminée était éteinte et il s'empressa de monter le chauffage, quand il regarda par la fenêtre il comprit pourquoi il faisait si froid, le paysage était silencieux recouvert par une épaisse couche de neige, il n'osa appelait Roland ou Françoise pour savoir comment si elle était bien rentré. Et il se dirigea avec lenteur vers la salle de bain ou une douche revigorante le remit en forme. Une nouvelle journée commençait, mais il était un nouvel homme, il avait étalé sur la table du salon les plans des parcelles de bois et du plan d'eau, maintenant, il allait pouvoir faire des projets, en attendant l se prépara un solide petit déjeuner, a lui mais à bandit aussi, son compagnon qui ne le quittait pas des yeux, guettant le moindre mouvement de son maitre. Les jours qui suivirent furent tristes et ennuyeux, le mauvais temps n'en finissait pas le lundi une autre couche de neige était venue s'ajouter à la précédente et comme le froid s'était réinstallé, on devait faire avec, ce n'était pas simple, Romain prenait son mal en patience, il avait pris rendez-vous avec un géomètre et dès que possible il bornerait s petite propriété, à force d'examiner les plans, il avait maintenant un doute sur un morceau de terrain qui si lui appartenait serait en mesure de réglait les problèmes d'accès et réduirait considérablement la distance , évitant de faire le détour par l'église de St Michel. Ses calculs lui passait le temps l'occupait, le motivait pour se préparer à cette vie qui s'annonçait sans aucun doute moins passionnante, ni avec autant d'amour et de tendresse ni de passions qu'il avait connu avec Laure et les enfants, mais il sortait enfin du néant et se disait-il « même si ce n'est pas un ciel bleu azur par grand soleil, parfois l'automne peut se monter agréable ». De plus après l'épisode de Jeanine dans son essayage de vêtements chez lui, le voyage dans la voiture de Françoise ne l'avait pas laissé indifférent, pour cela aussi une petite lueur s'était rallumée. La semaine suivante, après la neige la gadoue fit son apparition, et Romain se trouva encore bloqué, mais février s'époumonait, déjà les bourgeons éclataient, mars pointait le bout de son nez, bref le printemps arrivait, dire que pendant quelques années il avait trouvé les journées longues et ennuyeuses, maintenant, elles étaient bien trop courtes, il courrait partout, les bornes étaient plantées, et comme il avait pensé, il était propriétaire d'une bande qui longeait un chemin et s'arrêtait à deux pas d'une route goudronnée qui desservait une maisonnette perdue à deux pas de l'étang, mais côté opposé de la petite colline qui le dominait. Le souci étant que la propriétaire ne voulait rien savoir et malgré l'intervention du notaire n'en démordait pas, la première conciliation n'avait rien donnait, et un passage devant le tribunal couterait bien plus que la valeur du terrain. Finalement Romain trouva un arrangement en dédommageant la surface en question en compensation d'un accès à la route, les giboulées avaient cessées, déjà avril pointait le bout de son nez, on avait signait l'accord chez le notaire, d'ailleurs le premier jour du mois d'avril et ce n'était pas un poisson.

Chapitre 6

Romain se démenait maintenant pour réaliser les travaux de remise en état de la petite grange et de la cabane du bord de l'étang. Pour le premier bâtiment, il était complètement dégagé et la surprise était de taille quant à ses dimensions, en effet, il s'agissait en vérité d'une étable et d'un fenil qui dépassait les vingt mètres carré chacun, les frères Ardiller ayant fait poser un compteur d'électricité, Romain se dit qu'avec une pompe branchée dans la source qui se trouvait au bas de la colline, juste à côté du chemin qui descendait de St Mchel, il pourrait vivre ici. C'était devenu sa nouvelle ambition, mais un petit tracas le perturba, la petite Renault six rendit l'âme et de s'en débarrasser fut pour lui un crève-cœur, tant de souvenir allaient disparaitre avec cette vieille guimbarde, à contre cœur, il fut obligé de la liquider et acheta à la place un petit Santana quatre-quatre qui allait l'enchanté quand a son utilité dans ses projets. On ne voyait passer qu'eux sur la route de St Michel, la voiture avec le chien à la fenêtre et Romain qui maintenant souriait de nouveau. Roland lui avait dit qui lui trouverait une petite entreprise pour tous ses travaux, mais il trouvait que cela ne venait pas vite, pourtant il était pressé et voulait que tout soit prêt pour l'été, l'espoir fait vivre lui disait son ami dont la compagne prit les choses en main pour l'ouvrage envisageait, les téléphones portables commençaient à envahir le monde et ils avaient tous les deux le leur et c'est elle qui lui donna rendez-vous à son étang le samedi matin avec un maçon, en fait, l'homme était son premier mari qu'elle avait quitté trois mois après leur mariage et qui n'arrivait toujours pas à se remettre de son départ après plusieurs années. Elle était en train de lui raconter l'histoire quand la personne arriva, un jeune homme grand et costaud mais transportant sur le visage une tristesse infinie qui frappa Romain au point que ce dernier faillit ne pas entamer les discussions, mais l'homme du prendre une communication pour son travail et s'écarta un peu, Françoise en profita ;

_S'il te plait, fais le pour moi, tu verras tu ne seras pas déçu, il travaille très bien en plus il a du matériel de travaux public et deux ouvriers, je suis sur qu'il te conviendra ajouta-t-elle.

Ce que femme veux est souvent difficile à refuser, elle s'était en plus rapprochée tout contre lui, pour appuyer sa demande, il accepta de discuter avec l'ancien mari éconduit, finalement alors que la compagne à Roland les avait laissé, ils se mirent d'accord sur pas mal de chose dont le démarrage rapide des travaux, son chauffeur de pelle n'avait pas de chantier d'avance et serait là dès le lundi suivant pour dégager les petits bâtiments et extraire tous les déblais autour, et la semaine suivante ils pourrait attaquer le confortement des murs existants refaire la toiture et couler une chape à l'intérieur, fin mai on ferait le point, Romain lui fit un chèque d'acompte le jour même, le chauffeur d'engin lui porterez le devis signé lundi. Il appela la jeune femme pour l'informer, mais décida au dernier moment de profiter un peu de la situation.

_Tu comprends lui dit-il moi je ne le connais pas, et on maçon il est triste à pleurer, ces tarifs sont hors de prix et moi j'ai rien à gagner de le faire travailler, je veux bien te faire plaisir, mais crois-tu que Roland sera contant,

_Roland n'a pas à le savoir et je croyais que tu m'aimais bien répondit-elle d'une voix triste, et ce que tu as à gagner aujourd'hui avec moi : peut-être pas grand-chose mais qui sait de quoi sera fait demain conclu-t-elle.

_Des promesses à mon âge, on y croit plus beaucoup, pour Mathieu, il a du boulot jusqu'à la fin du mois et s'il est sérieux pour les deux mois qui suivront, j'espère que tu es satisfaite ironisa-t-il.

Elle raccrocha, c'est vrai qu'elle tenait à Roland mais ce dernier avait du mal a résisté à l'alcool et à la fête et aussi, elle trouvait que Romain qui était beaucoup plus sérieux ne la laissait pas indifférente, pour le moment la situation était figée mais pour combien de temps. Elle se disait souvent, « mais pourquoi je suis tant attiré par les hommes de plus de cinquante ans ».

Les travaux à l'étang avançait vite, début juin c'est une véritable maisonnette qui s'était réveillée à la place des bâtiments agricoles, la petite pelle à chenille avait fait un travail remarquable enlevant des déblais d'un côté et bouchant des fonds trop bas d'un autre, en plus Mathieu avait eu une riche idée en dotant la construction d'une véranda sur toute sa longueur doublant ainsi la surface habitable, Romain n'en revenait pas, il était certain que pour cette année, trop de bricoles importantes restaient à faire pour rendre le tout habitable mais maintenant qu'il avait l'accès juste après le ruisseau, il savait que bientôt c'est ici qu'il habiterait. C'est alors qu'il n'y pensait plus trop que Jeanine réapparu, ou plutôt qu'il la rencontra, elle sortait de chez le notaire en compagnie de l'homme avec qui il avait aperçu e début d'année.

_Romain je suis heureux de te rencontrer s'exclama-t-elle, tiens je te présente mon frère André qui es à la maison depuis quelques temps, mais qui repart bientôt,

_Enchanté répondit-il froidement, tu vas bien questionna-t-il poliment ?

_Ca va mais si tu as deux minutes on peut prendre un verre j'en serais ravie tus sais répondit-elle,

Romain la contemplait, elle est de plus en plus jolie pensa-t-il, avec maintenant un visage beaucoup moins torturé, qui lui confiait une certaine douceur.

_Avec plaisir, moi je dépose juste un dossier au secrétariat du notaire, et je suis à vous, d'ailleurs si cela vous intéresse je vous invite à déjeuner proposa-t-il, il voulait surtout se faire pardonner sa méprise d'avoir confondu le frère de sa Kiné avec un amant.

_Moi ça ne m'intéresse pas grogna le frangin, je pars à quatorze heures à la gare et mes affaires ne sont pas prêtes.

_Une autrefois alors lança Romain en rentrant dans l'étude.

Quand il ressorti, Jeanine était toujours là,

_Moi ce n'est pas d'accord pour le déjeuner mais pour le souper si cela tient, tu passes me prendre vers dix-neuf heures proposa-t-elle :

_Avec plaisir, je réserve et passe te chercher ce soir dit-il pour conclure la conversation car le frère s'annonçait de nouveau en râlant ,

_On y va ou je dois prendre un taxi ronchonna-t-il .

Romain les vit disparaitre avec plaisir, du moins lui, il était bien loin de l'homme affable et doux qu'il avait aperçu au restaurant avec sa sœur, mais les voix de la famille sont souvent impénétrables, alors il attendit patiemment le soir et, Il eut raison car quand Jeanine vint à sa rencontre, elle était somptueuse, ses superbes jambes découvertes par une jupe plutôt, courte et un chemisier clair qui mettait en valeur son teint légèrement hâlé, il ne manqua de lui faire les compliments justifiés auxquels elle avait largement droit, elle les apprécia et ils passèrent tous les deux une soirée des plus agréable, quand il la ramena chez elle, elle s'assura qu'ils ne n'attendraient plus autant de temps sans se revoir.

_ Il ne tient qu'à toi, moi à mon âge je suis disponible et maintenant que tu as mon portable si tu as des envies de sorties ou d'autre chose, et le souhait que je t'accompagne ne te prives pas, je suis disponible.

_Mais toi, pourquoi tu ne me demanderais pas se défendit-elle ;

_Ne me tantes pas, s'il te plait, car sinon je suis capable de te demander, là devant ta porte de m'embrasser car j'en ai fichtrement envie et pourtant ce n'est pas raisonnable, tu es une très belle femme, et moi un vieux crouton, depuis trop longtemps célibataire, quand je te regarde je me dis déjà j'ai eu bien de la chance que tu t'occupes autant de moi et j'ai trop peur de briser le faible lien qui nous uni pour oser faire des bêtises

Il ne put aller plus loin dans ses propos, car pendant qu'il parlait elle s'était approchée tout contre lui et maintenant elle embrassait avec passion, quand leur lèvres se séparèrent, Romain resta un long moment silencieux, paralysé par la peur de se réveiller mais très vite un second baiser succéda au premier, et quand elle se détacha, elle lui murmura « tu as vraiment tort de ne pas demander »

Elle était rentrée en vitesse chez elle, le laissant penaud devant l'entrée, lentement il fit demi-tour, la tête embrouillée, mais tellement ému par l'émotion, il aurait été bien incapable de dire ou faire quelques choses, mais la nuit fut pleine de rêves quelquefois bien coquin, et quand il conduisait la voiture le chien était derrière et Jeanine devant. Les rêves sont une chose, la réalité souvent toute autre chose, Romain passa la semaine sans nouvelle, et le vendredi soir ni tenant plus, il prit son téléphone et appela, mais c'est si c'est bien la douce voix de Jeanine qui répondit c'était par un message enregistré, tant pis pensa-t-il au moins j'aurai essayé, frustré, il ne se coucha même pas dans son lit, il s'endormit sur son vieux canapé le chien à ses pieds. Le samedi matin non plus pas de nouvelle pas plus que le dimanche, déçu, le lundi il regagna son étang, l'avancée des travaux lui redonna le moral, de son coté, il s'occupait de remettre en ordre le tour du plan d'eau, arrachait, les ronces ramassait les branches mortes, en fin tout ce qui permettait aux lieux de retrouver un aspect agréable, en plus il venait de faire de somptueuses découvertes, car après les deux jours de pluie qui s'étaient abattus sur le secteur, il y avait dix jours environs ajouté au coup de soleil de la fin du mois de mai et du début de juin, faisait pousser les champignons, et sa petite propriété en était un terrain remarquable pour leur cueillette, cela lui redonna le moral, surtout que Roland et Françoise ne manquèrent pas de venir en ramassaient quelques-uns, le mardi midi, ils se firent une belle omelette, se régalèrent en compagnie des frères Ardiller, mais ce jour-là tout le monde resta sobre du moins durant le repas car si Roland ramena les deux frangins qui étaient revenus inséparables, ils n'avaient pas manqué de s'arrêter au petit bistrot des quatre route, et malgré les appels répétés de sa compagne, son portable était restait muet. Quand il la déposa chez elle il vit dans ses yeux des grosses larmes qui se préparaient à courir, et compris que si lui avait connu un bonheur sans nuage, pour d'autre l'amour était quelques chose de compliqué, comme lui disait souvent son père, « la vie de couple est comme une rivière, il arrive qu'il y est des inondations, alors ça déborde ». Il rentra chez lui et posa devant la maison de Jeanine un grand panier de cèpes magnifiques, et épuisé rentra prendre une bonne douche et se coucher, il en avait besoin. Le mercredi matin, il n'avait pas prévu de se rendre dans son nouveau domaine, mais plutôt de s'occuper de ces affaires, le notaire avait fini de tout régler, il s'était occuper de tout et avait remis un dossier épais qu'il fallait absolument qui consulte afin de donné son avis, sur chaque prestation il avait mis un avis avec quand il avait jugé nécessaire des propositions soit pour évoluer le placement et même pour en faire d'autre , il passa la journée entière dans la paperasse, ce qui était sur ; c'est qu'il était à l'abri du besoin, et pouvait sans criantes de toucher à ses économie, s'aménager son plan d'eau, le soir tombait quand il eut la surprise d'un appel de Jeanine qui s'excusait de ne pas lui avoir téléphoné avant, elle bafouilla quelques explications douteuses, le remercia pour les cèpes « ils sont superbes s'exclamât-elle, merci encore » , mais à aucun moment une quelconque invitation ou simplement un rendez-vous, les deux baisers étaient bien loin, l'émotion du moment pensa-till, mais de là croire que son interlocutrice voulait aller plus loin avec lui, il ne l'imaginait pas une seconde même s'il avait eu un petit espoir l'instant d'un doux baiser. En attendant, il oubliait de lui répondre, et à un moment, elle avança,

_je ne sais pas vraiment, mais j'ai l'impression que je t'ennuie avec mes commentaires remarqua-t-elle,

_Point du tout affirme-t-il, je suis heureux que tu ailles bien, j'ai été inquiet depuis vendredi de ne pas avoir eu de tes nouvelles, aussi je suis contant de t'entendre.

_je comprends, j'ai été nulle l'autre soir, avoua-t-elle,

_ Moi j'ai été bien naïf, voir idiot ajouta-t-il, et aujourd'hui je me ramasse, ce n'est pas grave je m'en remettrai, en tout cas j'ai été très heureux de pouvoir écouter le son de ta voix et de savoir que tu vas bien, je te souhaite une bonne soirée.

Il ne lui avait pas laissé le temps de continuer à parler en coupant leur conversation, la soirée passa, maussade et ennuyeuse, les bonnes nouvelles de ces finances l'agaçait presque, « j'ai cinquante-huit ans se rabâcha-t-il je ne suis plus un collégien ». il avait eu trois femmes dans sa vie, sa mère pour commencer une femme droite et exigeante mais peu mère câline, plutôt mère pet sec mais juste, et il y avait eu son épouse, trente-sept ans de bonheur sans nuage, un bonheur entier partagé sans retenue et après sa fille véritable force de la nature, tornade permanente, une soif de vivre communicative, qui avait réveillé leurs habitudes, les avait obligé à repenser leur vie sans jamais les trahir en les aimant énormément, une jeune fille fantastique dont jamais il ne citait le prénom, car il préférait garder son image gravé dans son cœur, oui il avait eu trois femmes, dont deux qu'il avait aimé plus que tout, et avec ce qu'il se passait en ce moment, il se dit qu'il y en aurait pas d'autre. Le jeudi matin il dut se faire violence pour continuer à feuilleter le reste du dossier financier, mais sa ténacité fut récompensé, à midi il avait terminé, et quand il voulut appeler le notaire il s'aperçut qu'il avait un message de Jeanine cette dernière lui proposait de partir quelques jours en vacances avec lui et s'il était d'accord de la rappeler dès le soir, « ça me laisse l'après-midi pour réfléchir pensa-t-il, ça ne sera pas de trop ». Le notaire le reçu dès son arrivée, ils se connaissaient dorénavant très bien et s'appréciaient.

_Vous m'avez pas l'air en forme s'inquiéta l'homme de loi ;

_Ce n'ai rien maitre, juste un peu fatigué et des affaires précisa-t-il encore plus compliquées que les finances.

_Plus ardue que l'argent, répondit l'autre, mais c'est de femmes dont il s'agit, non ?

Les deux hommes éclatèrent de rire, et après avoir largement plaisanté sur le deuxième sujet revinrent à leur affaire.

_Ecoutez Maitre, dites-moi juste de combien sera votre facture et je vous donne ma réponses ;

_Mais monsieur Dodain, les chiffres que je vous ai annoncé, à quelques centimes prêt, sont net de frais et d'impôts.

Après avoir essayé de cacher maladroitement son étonnement, Romain donna son accord et signa tous les papiers qu'il avait à signer, du côté des dossiers personnels c'était maintenant un homme tranquille, mais aussi aisé sans aucun doute. Il attrapa son portable pour appeler Jeanine, mais il n'eut pas le temps que ce dernier sonna, c'était Roland :

_Comment vas-tu lui lança ce dernier, ça fait deux jours que l'on ne t'as pas vu à l'étang,

_Pas trop mal, mais j'avais une tonne de dossier à régler exagéra ce dernier, c'est terminé, mais tu tombes bien, j'ai un service à te demander :

_C'est oui de suite annonça son interlocuteur,

_Voilà reprit Romain, je voudrais partir quelques jours en vacances et je ne peux pas amener le chien, pouvez me le garder ?
_Sans problème, tu nous l'amène quand tu veux et la femme avec qui tu pars aussi, venez souper un soir et tu sais bien que c'est avec plaisir termina son ami.

_Merci encore conclu Romain et à bientôt.

Quelques minutes plus tard, il appela Jeanine lui indiqua qu'il était d'accord et lui demanda quand elle voulait partir, « samedi en début d'après-midi, mes affaires sont prêtes, direction le bord de la mère et si tu veux tu peux amener ton chien » avait-elle répondu avant de raccrocher pour cause de patients. Il faut que je me secoue, moi mes affaires, je ne sais même pas si j'en ai, il partit à la recherche des effets nécessaires à ses vacances et se dit qu'il avait tout le samedi matin pour préparer le tout, l'urgent c'était la voiture, il s'en occupa au plus vite et le soir il avait même préparé un semblant de sac d'affaires qu'il déferait sans doute le samedi matin pour en mettre d'autre, « l'important c'est la voiture pensa-t-il, elle est un peu vieille comme moi mais en super état, alors tout va bien ». Le lendemain matin à peine réveillé qu'il replongeait dans les armoires, la sonnerie de son fixe le tira des chiffons, Jeanine était au bout du fil,

_Finalement annonça-t-elle on prend l'avion pour la corse à quatorze heures donc on ne pourra pas amener ton chien j'en suis désolé assura-t-elle.

_C'est pas grave la rassura-t-il, des amis se sont proposés pour le garder, pas de souci,

_C'est très bien commenta-t-elle et au fait j'avais oublié ne te couvre pas trop on achètera le nécessaire sur place.

La discussion était close, il s'empressa d'amener son chien en pension, et l'animal l'avait compris, il resta prostré sur le siège du véhicule et pas une seule fois malgré le beau-temps il ne mit son nez à la fenêtre. Romain eu bien du mal à se séparer de son toutou, et Roland se moqua pas mal de lui, heureusement Françoise qui partait embaucher lui apporta son soutien, elle lui fit un au revoir plutôt affectueux profitant que son compagnon avait tourné le dos pour ranger un bricole, elle embrassa brièvement mais avec beaucoup de tendresse son visiteur.

_j'espère que cela te consolera un peu et passe de bonne vacances ;

Il n'eut pas le temps de la remercier la jeune femme, sa voiture avait disparu, aussi après avoir salué son copain il reprit la direction de son domicile pour finir de se préparer, pour la première fois de la vie il allait prendre l'avion, quelle aventure.

Chapitre 7

C'est vrai que pour le couple, ce fut une véritable expédition, et ils ne furent soulagés qu'une fois dans l'aéroport d'Ajaccio, Jeanine avait parfaitement organisé leur séjour ; une petite voiture de location les attendait sur le parking, dix minutes plus tard ils aménageaient dans un petit appartement en pleine campagne, un véritable paradis, situé juste à la sortie d'un petit hameau, la maisonnette surplombé un paysage que l'on voit d'habitude que sur les cartes postales, la nature typique de la région resplendissait sous le soleil de juin, et un peu plus bas la Méditerranée venait lécher de ses vaguelettes une petite plage dorée. Si Jeanine n'avait que brièvement admiré le panorama, Romain ne se lassait pas de perdre son regard dans ces paysages somptueux qu'offrait ce maquis Corse si particulier, il était encore perdu dans sa contemplation que Jeanine qui était parti faire quelques courses revenait déjà dans leur maison de vacances, elle avait choisi sa chambre et invité son compagnon à prendre l'autre, si ce dernier avait eu l'idée d'un séjour commun cela commençait mal. Le soir, dans le petit salon, alors qu'ils venaient de terminer un repas des plus légers, Jeanine avant d'aller se coucher voulu faire le point sur leur séjour, ou plutôt régler les détails de leurs vacances.

_On a pas trop eu le temps d'en parler attaqua-t-elle, mais tu comprendras qu'il faut que nous discutions argent

_ Cela me semble tout à fait normal répondit son accompagnateur, d'ailleurs poursuivit-il j'ai pris mes précautions et aussi pas mal d'argent liquide pour participer aux dépenses.

_ Je t'en remercie acquiesça Jeannine tout comme le fait que tu sois d'accord pour m'accompagner sans poser plus de question reconnu-telle,

_Si j'ai dit oui sans hésiter, c'est sans doute qu'à tes cotés je me sens bien et que j'apprécie ta présence précise-t-il et maintenant ; j'ajouterai que le pays tout entier vaut le déplacement. Pour le reste dis-moi combien je te dois et je te règle de suite.

Elle le lui dit, il trouva la note plutôt élevé, mais ne dit rien et lui remit l'argent sans discuter, mais quand il lui demanda le programme de la semaine, elle lui répondit qu'ils en parleraient demain-matin, le ton lui sembla bien lointain. Le lendemain matin, dès la première heure, Romain était dehors il prit un léger petit déjeuner et s'avança dans le village ou il put s'apercevoir que ce dernier était bien plus qu'un hameau, sur le derrière, trônait une petite église mais aussi une auberge, une boulangerie et un petit bureau de poste, mais en ce dimanche matin seul la boulangerie était animée il acheta un pain et eu le bonheur de ramené à Jeannine deux croissant justes sorti du four, il revint guilleret au petit mas, fier de ramener son petit trésor mais son optimisme fut vite douché la destinatrice était au téléphone et apparemment la conversation tournait au vinaigre.

_Un souci lui demanda-t-il gentiment ?

_Occupes toi de tes affaires lui recommanda-t-elle et fout moi la paix

Sèchement douché, il fit demi- tour, s'assit quelques instant sur un petit banc de pierre et après une courte réflexion, emprunta le petit chemin qui descendait à la plage, agacé par ce début de matinée plutôt mal engagé, il se retrouva bien vite sur le rivage, là encore, c'était idyllique, la petite crique à l'abri du vent était bordé de rochers pas très haut qui semblaient protéger l'intimité des lieux, le soleil réchauffait l'atmosphère et Romain se mit en tenue légère et s'allongea sur un sable encore un peu frais mais qui très rapidement devint agréable, il oublia la rebuffade de Jeanine, bercé par le clapotis des vagues, il se laissa porter dans des rêves les plus doux qui lui firent gommer l'incident du matin. Un ballon indiscret le tira de son sommeil, il se redressa engourdi, quelques couples avaient rejoint les lieux, il avait un peu honte, il rassembla ses affaires et trouva refuge à l'ombre d'un rocher ou il s'assit pour réfléchir, les cloches qui s'étaient mises à carillonner le tirèrent de sa réflexion, midi cria une femme à ses enfants, on rentre les petits, bien sur les gosses rechignèrent, mais la maman resta ferme et la petite famille regagna le village, même s'il attendit un peu Romain fit de même, et voyant l'auberge ouverte, il s'y engagea, il fit reçu comme un prince et se régala de la cuisine locale, simple mais délicieuse, rassasié il rejoignit la petite maison, le véhicule de location n'était point-là, aussi il ne se priva pas de se faire une autre sieste « je passe mon temps à dormir songea-t-il » avant une nouvelle fois de rejoindre le pays des rêves, trois heures plus tard, tout juste réveillé, il se muni d'une grande serviette et fonça vers la plage ou il découvrit le bonheur de la baignade dans la plus grande tranquillité, quand il en ressorti, il était une nouvelle fois fourbu, il remonta, et eu la surprise de trouver Jeannine sur le banc.

_Tu m'offres un verre quémanda cette dernière ?

_Bien sur avec plaisir répondit-il d'un ton des plus neutre

Une fois attablé à la petite terrasse de l'auberge, elle reprit la parole ;
_Je te dois quelques explication dit-elle, et aussi quelques excuses pour mon attitude de ce matin

_ Tu ne me dois rien, j'ai accepté de t'accompagner, je ne savais pas trop à quoi je m'engageais, aussi je n'avais qu'à te demander des détails avant de partir précisa-t-il.
_Elle s'était renfermée sur elle-même et seule la sonnerie du téléphone brisa le silence. Elle s'écarta pour parler et quand elle revint, il vit qu'elle arborait un large sourire. Ils soupèrent à l'auberge. En rentrant elle lui prit le bras et son comportement fut à l'opposé du matin. Ils discutèrent une partie de la soirée. Avant

d'aller se coucher, elle lui confia qu'elle avait de la famille ici et que le lendemain matin elle irait la visiter ; ce n'était pas sûr qu'elle rentre le soir, peut-être même de deux jours, mais elle lui assura qu'après, ils visiteraient l'Ile et ne se quitteraient plus. Il ne commenta pas sa décision, la salua et alla se coucher. Très tôt il entendit le véhicule démarrer. Il ouvrit les volets pour voir l'automobile s'en aller : « heureusement qu'il fait soleil, car je suis bloqué ici réfléchit-il ». Malheureusement pour lui le temps se gâta vers midi, et il passa l'après-midi du lundi dans la petite maison. Le mardi ce fut pire : un violent orage éclata dès l'aube, et toute la journée le village fut soumis à des bourrasques de vent et des trombes d'eau. Ce furent deux journées d'une longueur interminable, à tel point qu'il faillit appeler un taxi et regagner Ajaccio.

De plus, il était frigorifié : il n'avait pas, comme d'habitude, acheté d'affaires. Le soir il récupéra les couvertures du lit de Jeanine qui n'était pas rentrée, mais malgré le renfort de protection il grelotta une partie de la soirée et ne s'endormit que fort tard. Le lendemain, le jour pointant à travers les volets le réveilla, mais alors qu'il allait sortir de dessous ses épaisseurs de couverture, il sentit contre lui une chaleur bien agréable. Il se retourna doucement : Jeanine se tenait blottie contre lui. Il ne l'avait pas entendue rentrer. Elle aussi était réveillée, et le regardait d'une drôle de façon : il n'eut pas le temps de prononcer une parole qu'elle s'était jetée dans ses bras. La suite fut quelque chose qu'il avait oubliée depuis bien des années : des gémissements, des râles, du bonheur, du plaisir, le corps d'une femme et un lit en bataille. Très vite, sa compagne s'était rendormie, mais sa position l'empêchait de bouger : en avait-il envie, pas trop, malgré un besoin bien compréhensif à son âge. Il patienta, mais vers dix heures il n'y tenait plus : il dut le satisfaire. Il prit une bonne douche et quand il sortit, il entendit la douce voix de sa nouvelle maitresse lui susurrer,

_je crois que ce matin les croissants seraient les biens venus

Il ne se fit pas prier, et dix minutes plus tard, il put s'écrier :

_Madame est servie !
Le petit déjeuner fut des plus agréables, surtout qu'il se poursuivit dans le lit alors que midi sonnait à la petite église. Une heure plus tard, le couple rejoignit la petite auberge et sous la terrasse ombragée, ils dégustèrent de succulentes côtelettes d'agneau qui les remirent en forme. L'après-midi fut consacré à la plage ; le soleil avait fait son retour, les vacances

commençaient- il était temps-. Le jeudi, ils passèrent la journée à Ajaccio : shopping et farniente au programme. Mais le jeudi soir, c'était déjà terminé. En effet, Jeanine revenait dans sa soi-disant famille à laquelle Romain ne croyait pas trop, mais c'était ainsi. En plus, disait-elle « ils savent que je ne suis pas mariée et ici la tradition se respecte, je ne veux pas d'ennuis tu comprends ». Non, il ne comprenait pas, mais avait-il le choix : pas forcément. Finalement, le dimanche, dans l'avion qui les ramenait, Romain faisait le compte du temps qu'ils avaient passé ensemble, et arrivait péniblement à deux jours. Mais une fois de plus il ne maitrisait rien, il subissait : c'était ainsi. Le retour Bordeaux-Mussidan fut silencieux. Il déposa Jeanine chez elle. Il savait que leur relation n'irait guère plus loin, du moins il s'en doutait fortement. Elle ne lui avait fait aucune promesse, elle avait eu besoin de quelqu'un : il était là, un point c'est tout. Dès le lundi matin, il reprit son train-train, après avoir, dès le lever du jour, récupéré son chien, qui lui fit une fête du tonnerre, pas rancunier pour deux sous.

Il retombait dans une passe dépressive, mais très vite il se secoua. Des femmes, il en existait d'autres, de son âge et même s'il avait tendance à se dévaloriser, physiquement il était pas mal et en plus à l'abri du besoin. C'était l'été, il faisait soleil. Il reprit son bricolage dans son petit royaume mais uniquement le matin. L'après-midi, il rentrait, se changeait et après un repas copieux partait passer l'après-midi sur les bords de l'étang de La Jemaye, situé à peine à une vingtaine de kilomètres. Le site venait d'être réaménagé et offrait aux touristes des conditions de baignades et de promenades de très bonne qualité. Malheureusement son chien devait rester chez lui. Il avait décidé de provoquer un peu le destin et pourquoi pas, de ne pas passer l'hiver seul. Les premiers jours il se contenta d'observer de loin. Il n'y avait pas une foule immense. Juillet débutait juste, et les visiteurs étaient surtout comme lui des locaux désœuvrés ou des familles en balade. Il fut un peu déçu, mais dès le week-end après le quatorze juillet, le monde arriva. La petite plage se garnissait maintenant de parasols et de baigneurs. Lui aussi faisait partie du lot, mais il devait se rendre à l'évidence : malgré des sourires et parfois des œillades appuyées de certaines sirènes, il ne serait jamais un dragueur : il avait un mal fou à engager la discussion. Aussi abandonna-t-il quelques temps ses visites au grand étang pour se replier sur le sien. Un qui était heureux : son chien qui en profitait des journées entières et ne le quittait pas d'une semelle ; « ce n'est pas bandit que j'aurai du t'appeler, mais pot de colle » grommelait-il après avoir trébuché sur l'animal étendu à ses pieds. En fin de compte, il était heureux de l'avoir : c'était sa seule compagnie. La vie réserve parfois des surprises. Il fut étonné de recevoir une invitation d'un parent éloigné qui organisait un évènement à la mode « la journée des cousins ». Il avait répondu favorablement à l'invitation et envoyé sa participation par retour du courrier. A vrai dire, même s'il ne se rappelait pas trop de sa famille, la solitude lui pesait trop et le premier août fut pour lui l'occasion de la rompre un peu. La journée fut agréable car il y avait au bas mot une centaine de personnes qui déambulaient autour d'un gigantesque buffet se présentant avec des « oh ! oui, je me rappelle de vous, mais on se tutoie » continuant leur chemin, en papotant et rigolant aux éclats. Lui n'avait pas cette chance car mis à part un couple de cousins et leurs deux enfants, l'après-midi se passait doucement. On avait sorti les boules de pétanque. Romain s'était assis sur un banc prêt d'un couple. L'homme lui tendit la main et se présenta aussitôt :

_ Robert Lacouve, marchand de piquets et ma femme Sylvie,

_Enchanté, répondit-il. Romain Dodain. Je suis à la retraite et j'habite Mussidan en Dordogne. Il précisa cela car le repas se situait à Ste Foy, en Gironde

_Nous aussi sommes de Dordogne et pas loin de chez vous on habite à Bosset à quelques kilomètres de Mussidan, précisa la femme.

_Le monde est petit s'amusa-t-il mais dites-moi vous vendez des piquets et moi j'en cherche. C'est vrai que ce n'est pas l'endroit pour parler affaire, mais tant pis je profite de l'occasion.

_Vous avez raison dit Robert mais vous avez besoin de quoi exactement ?

_De quatre cent mètres de clôture environ peut être un peu plus avança-t-il

L'entrepreneur se montra plus qu'intéressé, surtout que Romain voulait fermer toute la partie touchant la route de St Michel, pas pour les champignons mais pour le ruisseau. Les petites truitelles qu'il avait aperçues dedans faisaient des envieux et malgré leur taille, certains individus ne se gênaient pas pour essayer de les attraper malgré les panneaux d'interdiction.

_Il faudrait le grillage avec ajouta Robert ,

_Franchement, le mieux pour moi serait d'avoir la clôture posée, conclut Romain, ainsi je serais tranquille et n'aurais pas de mauvais sang à me faire.

_Ecoute, si cela t'intéresse, mardi je livre du petit bois à la boulangerie de St Front, tu dois connaitre ;

_Bien sûr c'est sur la route de mon étang,

_j'y serai vers six heures du matin, tu passes me chercher vers les sept heures, on va voir, je fais un devis sur place et tu me ramènes après. Je te laisse mon téléphone.

En rentrant chez lui le soir, Romain se dit qu'il n'avait pas perdu sa journée, mais en même temps il se demandait pourquoi il faisait cela et surtout pour qui. Souvent la réalité lui revenait en pleine figure. Si demain il lui arrivait quelque chose, après lui il n'y avait personne. Il n'avait plus de contact avec ses deux fils qui avaient disparu. L'absence de ces deux garçons, qui étaient tout ce qui lui restait vraiment comme famille le fragilisait au plus haut point : « si encore je pouvais leur parler, se disait-il, au moins être sûr qu'ils existent encore », mais de ce côté-là point de nouvelles.

Si la venue de Robert avait un peu égayé la semaine, le début du mois d'aout était morose malgré le soleil. Le samedi il déjeunait avec son notaire et s'était promis de lui poser les questions pour avoir autant que possible quelques nouvelles de sa vraie famille.

L'été finissait. L'étang était dorénavant un havre de paix. La maison terminée offrait un gite confortable et l'ensemble un lieu de vie agréable, de plus clos sur toute la partie proche de la route. Romain hésitait : déménager ou pas ? Il venait d'avoir des nouvelles de Roland qui l'invitait aux vendanges chez un de ses oncles « tu verras lui avait-il dit une bonne journée ». Depuis qu'il ne l'avait pas vu, il le trouva changé, vieilli un peu plus par l'alcool et les fiestas. Lui, il avait hâte de revoir Françoise, du moins si elle ne lui faisait pas la tête. Bizarrement alors qu'il pensait à elle, son téléphone sonna et justement au bout du fil c'était Françoise :

_Dis-moi, tu peux passer me chercher samedi matin, questionna-t-elle, Roland part très tôt pour préparer les barriques et ça m'embête de prendre une autre voiture.

_Avec plaisir, tu me dis à quelle heure et j'arrive,

_Huit-heures trente précisa-t-elle on ne commence pas avant neuf heures et St Barthélémy est à dix minutes.

Elle ne faisait pas la tête et l'accueilli avec ses bises particulières qui souvent pour lui dérapaient un peu ; il n'allait pas bouder son plaisir.

_C'est pas trois quémanda-t-il ?

Dans la voiture la troisième

Non elle ne faisait pas la tête, la troisième fut un vrai petit baiser, bref mais bien agréable, il rejoignirent la petite commune voisine, et c'est là qu'ils s'aperçurent qu'ils n'avaient pas l'adresse, Françoise essaya en vain d'appeler son compagnon mais sans résultat, heureusement les frères Ardiller qui étaient de la partie passèrent dans leur vieille guimbarde, ils n'eurent qu'à les suivre pour trouver la petite ferme. Alors qu'ils rentraient dans la cour d'une grange, ils en virent sortirent une superbe jeune fille, vingt ans à peine, grande et bien bâtie.

_Romain, ne put s'empêcher de commenter l'apparition « la double est parfois surprenante, les histoires parles de lucioles et de farfadets mais pas de sirènes ». Sa remarque avait fait éclaté de rire sa passagère, mais ce qui la fit moins sourire c'est qu'elle vit que Roland sorti quelques minutes plus tard, du même endroit, penaud et tout ébouriffé,

_je rangeais la cave se justifia-t-il, elle en avait besoin ,

_Et la jeune personne qui vient de sortir, elle aussi avait besoin de ton attention grinça Françoise ?

_je préfère ne pas te répondre et m'engager dans des explications quelconques qui de toutes façons ne satisferont pas, le coupa son compagnon, Estelle est une cousine et je ne sais même pas si elle a dix- huit ans alors s'il te plait pas d'allusion déplacées.

Les vendanges commençaient bien, mais très vite le ton changea et les vendangeurs s'éparpillèrent dans les rangs de vigne, la récolte était mince « le bacot » vendange précoces ne donnait plus autant qu'avant et à midi tout était terminé, le sourire était revenu, même Françoise rigolait maintenant de bon cœur, pourtant si elle avait suivi Roland lors du déchargement des raisin dans la grande cuve, elle aurait découvert ce que Romain fit semblant de ne pas voir, dans un recoin de la cave, ce dernier avait coincé la jeune Estelle et ne se privait pas de profiter de la situation pour visiter ce corps tout neuf. Le repas de midi fut agréable, Romain avait démarré sa voiture pour partir quand Françoise arriva en courant,

_Tu ne me ramènes pas lui reprocha-t-elle ?

_Mais je croyais que tu rentrais avec ton homme s'excusa-t-il ;

_Et bien non, ronchonna-t-elle il doit rester pour tout ranger son oncle vient de lui demander, et comme la petite Estelle n'est plus dans les lieux, je lui ai dit que je rentrai avec toi.

_Mais c'est une gamine la petite, le lait lui sort encore du nez, je ne vois comment une femme aussi jolie que toi peut craindre d 'elle !

_Tu ne connais pas bien mon cher compagnon, son surnom c'est Henri quatre dit « le bouc », ironisa-la jeune femme, mais arrêtons la discussion, il faut que je me dépêche, j'ai les courses à faire, je veux être tranquille demain.

Quand elle lui dire au revoir, les bisous étaient revenus ordinaires voir distants, les femmes sont bizarres pensa Romain ou alors je n'y comprends rien. Il rentra directement chez lui, là au moins il était bien accueilli, même si ce n'était que par un animal.

Chapitre 8

Une routine s'installa entre l'étang et la maison en ville qu'il s'était décidé à vendre, mais pas à brader, il voulait en tirer un bon prix, un soir Jeanine passa le voir, elle avait vu le panneau à vendre et s'était inquiété, « je fui juste la civilisation, bien que la maison de l'étang était bien moins confortable que celle -ci, son départ était plutôt une fuite du monde qu'une question de confort. Depuis quelques temps, Roland lui empruntait son chalet ou il déposé son bric à Brač, ce dernier était doté d'une immense banquette, plus très jeune, mais en excellent bon état, c'est ce meuble qui l'intéressait et aussi la petite Estelle qui avait grandi vu que maintenant elle avait dix-huit ans et même son permis et la petite voiture qui va avec, elle se demandait comment sa liaison avec Roland était arrivé et surtout comment elle pouvait durer, mais c'était ainsi, fin juillet, son amant coupait un arbre dangereux chez ses parents entre St Laurent et St Michel, il faisait une chaleur du diable et le coupeur transpirait à grosses gouttes, elle était venu l'essuyer alors qu'il s'embêter dans son travail, le vieux chêne penchait vers la maison et malgré son métier, il avait du mal à le faire pivoter, mais depuis quelques minutes il s'était enfin légèrement remis droit, profitant de ce répit, Roland avait profité de ce moment pour s'asperger largement et aussi se désaltérer, il devait retrouver son attention car le danger était toujours présent, aussi chassa-t-il de son esprit la jeune fille qui n'avait pas voulu accompagner ses parents en weekend dans de la famille et qui depuis qu'il était arrivé, lui faisait un rentre dedans pas possible c'était la rançon de sa réputation qui voulait ça. Il se remit au travail, un coin supplémentaire s'enfonça dans la coupe qu'il avait opéré, on pouvait entendre le bois craqué et cette fois doucement la tête de l'arbre commença à s'incliner du côté opposé aux bâtiments « enfin pensa-t-il », il redémarra la grosse tronçonneuse regarda une dernière fois la cime de l'arbre comme s'il avait voulu le saluer et se pencha pour engager la lame de la terrible machine, dix minutes plus tard dans un vacarme assourdissant de branche cassée l'arbre s'écroulé vaincu , ne voulant pas perdre de temps et surtout ne pas trop penser à autre chose, il dégagea la bille coupa les plus gros bois, quand le moteur de la machine se tu le réservoir de carburant vide, le gros du travail était fini, il s'assit quelques instants sur la bille pour se reposer un peu, puis alors qu'il se préparer à partir, la jeune fille était réapparu « il faudrait mieux que tu partes réfléchi-t-il » mais la chair est faible et Estelle si craquante, une heure plus tard il était douché et propre comme un sou neuf, la jeune femme sortait à moitié nue de sa chambre, les cheveux en bataille avec un seul mot à la bouche « vous ! Alors »disait-elle en se pavanant au tour de lui, il s'enfuit presque de la maison mais les vendanges les avaient remis en présence et depuis ils étaient amant, au moins pensait Roland, maintenant elle est majeure. Romain avait du mal à supporter la situation, même si les deux amants ne se retrouvaient qu'une fois par semaine et encore pas toujours, il ne voulait cautionner et surtout cacher leur relation, aussi trouva-t-il une astuce à peine fausse, un mercredi alors que la jeune fille était partie, il rejoint Roland avant que ce dernier s'en aille à son tour, il lui explique qu'il avait vendu sa maison, du moins c'était en cours et qu'il allait venir habiter à l'étang.

_ Et alors grogna son copain sentant venir les ennuis ?

_Alors reprit le propriétaire, je ne vais pas venir seul et même si c'est discret j'ai eu une relation avec une kiné de Mussidan raconta-t-il et on veut essayer de vivre ensemble quelques jours par semaine et ajouta-il si elle découvre la situation, crois-moi, elle ne va pas rester, car elle est plutôt compliquée.

_Bon réfléchit Roland, les frères Ardiller m'avaient proposé une cabane de chasse qui est meublée, ça fait un peu plus loin, mais ce n'est pas grave conclut-il, de toute façon je ne vais pas continuer avec Estelle, déjà je n'aurais jamais dû céder, je tiens trop à Françoise.

Les deux hommes discutèrent encore un peu, et dans ses propos, Romain pût s'apercevoir que son copain ne pouvait résister à une jeune femme bien foutue, mais que d'habitude cela ne durait pas. En attendant, il avait retrouvé la tranquillité, une solitude qu'il appréciait énormément, le temps se remit à passer il découvrit la forêt en automne et ses couleurs merveilleuses, les feuilles mortes qui craquaient sous ses pas quand il se promenait avec son chien, les champignons qui semblaient avoir été posés pour qu'il les voit et les ramasse, cette douceur de vivre l'avait réconcilié avec la vie et le rassurait, il avait revu Jeanine à la jardinerie, il avait été commander des poules, et elle faisait quelques courses, ils avaient devisé un long moment, avant de se quitter, elle lui avait proposé de se revoir rapidement,

_ J'ai ton portable je t'appelle lui avait-il répondu ?

_Tu sais je suis sincère, j'adore être avec toi avait-elle avancé, et j'aimerais tellement découvrir ta propriété.

Il avait griffonné un bout de plan et lui avait proposé de venir quand elle voulait.

Le samedi suivant, Romain avait aperçu des oronges sur le bord du ruisseau et muni d'un petit panier était parti faire la cueillette de ces délicieux champignons, bien sur « bandit » le suivait pas à pas quand il fît demi-tour par le chemin d'accès à son étang, il reconnût la voiture qui arrivait, c'était la petite Peugeot de Jeanine, surpris, il acheva sa collecte et partit à sa rencontre, cette dernière l'embrassa tendrement, et en se retournant lui avoua :

_C'est paradisiaque, tu dois être bien ici,

_ Si tu avais voulu lui répondit-il froidement, ici aurait pu être chez toi, du moins quand tu l'aurais désiré.

Elle ne dit plus rien, même si octobre était déjà bien entamé, le temps était doux et ensoleillé, le couple se balada, fit le tour de l'étang et revint vers la maison.

_Tu me fais visiter questionna Jeanine ?

_Avec plaisir et je vais même t'offrir un chocolat ou une tisane comme tu veux, mais tu sais la maison n'est pas grande.

Après avoir fait le tour du propriétaire, ils s'installèrent à l'abri de la loggia, le soir tombait doucement, il lui servit un grand bol de chocolat avec du pain grillé et du beurre, elle se régala, dégustant avec appétit les tartines qu'il lui préparait.

_Ma parole plaisanta Romain, tu n'as pas mangé de huit jours,

_Pas de huit jours répondit-elle mais à midi je dois t'avouer que je n'ai pas déjeuné et que ce petit quatre heures est le bienvenu.

Ils continuèrent à discuter un long moment quand une autre voiture arriva, c'était Roland et Françoise.

_Tu connais s'inquiéta Jeanine

_Oui ce sont des amis et ils tombent bien, je devrais dire très bien, parce que tu es là,

_je ne comprends pas tout répondit sa visiteuse,

_ Ce n'est pas grave, je t'expliquerai si tu as le temps de rester un peu,

Ils n'eurent pas le temps de poursuivre leur discussion que déjà, le couple frappait à la porte et rentrait sous la véranda. Romain fit les présentations et ils s'installèrent autour d'un verre.

_On passait voir comment tu allais attaqua son copain et surtout si la dame était jolie et je dois le reconnaître poursuivit-il elle est charmante ?

_Merci répondit poliment cette dernière.

Le temps passait la discussion allait bon train mais vers dix-neuf heures Françoise l'interrompit

_ Roland c'est l'heure, on y va dit-elle sèchement,

Les deux couples se saluèrent et Romain se retrouva en tête à tête avec sa visiteuse de l'après-midi

Tu veux rester souper la questionna-t-il ?

_Si je reste souper je vais être obligée de rester dormir car avec les deux apéros que j'ai déjà enquillés reconnut-elle je serais incapable de repartir ;

_ Pas de problème riposta son hôte, il y a une chambre d'ami et je fais le souper.

_Dans ces conditions pour le souper c'est d'accord, la chambre d'ami on verra, c'est dommage de défaire deux lits quand on peut dormir dans un seul avança-t-elle avec malice.

Ce qui devait se passer se passa, la soirée fût romantique et douce, le réveil encore plus, Jeanine partit juste avant midi, et elle lui promit de revenir Romain était presque content de se retrouver seul, mais après cette nuit-là, une relation s'installa entre eux, elle venait souvent le mardi soir ou le mercredi et passait la plupart des week-ends à l'étang et chacun d'entre eux respectait la tranquillité de l'autre. Romain avait dû faire des travaux, finir la salle de bain, aménager la cuisine, aussi la maison de l'étang devenait une véritable habitation, pourtant malgré cela, il recommençait à trouver la vie inutile, l'étang, son achat, son aménagement étaient presque un aboutissement que la relation avec Jeanine avait complété, mais cela ne lui suffisait plus, il retrouvait au fond de lui cette sensation de ne servir à rien, de ne jamais avoir rien réussi, il passait des journées entières à marmonner désabusé et désœuvré, ce n'était pas simple. Alors que le printemps s'annonçait, les venues de Jeanine se firent plus rares, elle ne vint plus que le samedi soir pour souvent repartir le dimanche après-midi, lui n'y trouvait pas d'ombrage, à vrai dire il aurait même préféré qu'elle ne vienne plus du tout, c'était pourtant une superbe femme, au corps parfait, qui lui donnait toujours du plaisir même si le contraire n'était pas forcément vrai en plus, elle avait de la culture et les discussions avec elle étaient intéressantes, mais il avait parfois la nette impression qu'il était la cinquième roue de la charrette pour elle, ou un simple dérivatif. Roland et Françoise avaient disparu de la circulation, ce dernier l'avait appelé pour avoir de ses nouvelles, prétextant une grippe tenace et aussi un climat tendu dans le couple. Romain se repliait de plus en plus dans son petit royaume, il avait maintenant une véritable ménagerie, après les poules deux chèvres étaient arrivées puis quatre brebis, il avait dû fabriquer des abris, mais ce bricolage le rendait heureux et le soir quand il remplissait les mangeoires il avait là l'impression de servir à quelque chose. Le notaire l'avait appelé, le marché de l'immobilier s'effondrait, pas moyen de vendre la maison un bon prix « faudra songer à la louer lui avait-il conseillé, ça fait quatre mois qu'elle n'est pas occupée ». Il s'était donné rendez-vous une fois n'est pas coutume le vendredi soir à vingt heures à l'auberge de la mairie, ils étaient en pleine discussion dans le petit restaurant où la cuisine était délicieuse et copieuse, en plus la configuration des lieux permettait une tranquillité relative, l'établissement était souvent le lieu de rencontre de couples illégitimes, et comme souvent il y en avait plusieurs, du moins en apparence qui étaient là ce soir. Les repas et les discussions avec son homme de loi étaient toujours constructives et ils avaient convenu qu'après que Romain ait procédé à de menus travaux, sa maison serait mise en location, mais que celle-ci se ferait de manière sécurisée pour garantir les ennuis avec des locataires parfois peu scrupuleux. Ils arrivaient à la fin du repas et se préparaient à partir quand le notaire lui fit remarquer.

_Ce n'est pas notre amie la belle kiné à la table du fond questionna-t-il ?

En se levant ils purent observer de façon plus précise le couple qui s'embrassait dans une alcôve du bâtiment, la lumière des bougies qui les éclairait donnait à la scène une note romantique étonnante, le couple d'amoureux assis côte à côte venait de reprendre, celui de voyeur sortait du restaurant, les deux hommes se serrèrent la main, mais avant qu'ils ne se quittent, Romain se permit de demander à son accompagnateur s'il connaissait l'homme qui courtisait leur kiné respective.

_Pas personnellement indiqua celui-ci, il est médecin je crois, arrivé depuis un an à peine, il arrive de Corse, il remplace le docteur Faret précisa-t-il, mais voyez-vous on m'a dit qu'il était marié, remarquez, il ne l'est peut-être pas, conclut-il en prenant congé. Bizarrement, romain était chagriné, déçu, la situation entre Jeanine et lui n'avait pas beaucoup d'avenir, mais elle méritait sans aucun doute un peu de franchise, sa maitresse passagère le décevait au plus haut point par cette attitude mensongère qu'elle avait eue vis-à-vis de lui. Il était dans sa voiture, mais n'avait toujours pas démarré, il réfléchissait sans arriver à savoir comment il eut cette idée et s'armant de courage, il pris son portable et l'appela, contrairement à ce qu'il avait pensé, elle répondit :

_Romain, désolé lui dit-elle je ne peux pas te parler longtemps je suis au restaurant avec des amis.

_C'est déjà super sympa de me répondre à l'heure qu'il est, je voulais juste te dire que je suis absent le reste du weekend, mais également le weekend d'après, remarque je te dis cela ironisa-t-il mais peut-être n'avais tu pas l'intention de venir, mais, comme cela, tu es tranquille et bonjour, plutôt bonsoir au toubib termina-t-il.

Il avait raccroché rapidement pour qu'elle n'ait pas le temps de parler et maintenant il regagnait son plan d'eau qu'il trouvait de plus en plus triste ce serait pire demain. Le lendemain matin, il fût étonné d'un message sur son portable, Jeanine l'avait rappelé, son message était laconique. « Je suis désolée, disait-elle, mais comme je tenais encore à toi et plus que tu ne le crois, je n'ai pas eu le courage de t'avouer ma relation, aussi excuse-moi et surtout crois bien que je suis sincèrement chagrinée que tu l'ais appris comme cela répétait-elle ». Il y en avait même un deuxième qui lui demandait de l'appeler s'il en avait envie ou s'il voulait parler, il ne le fît pas, la semaine fût sombre alors que les lieux se paraient des couleurs du printemps et que le soleil faisait luire de toute sa lumière un paysage luxuriant. Les jours décevants se suivaient, ceux d'après aussi, le temps passait doucement, sans bruit, dans une nature qu'il appréciait heureusement de plus en plus, il s'adonnait dorénavant un peu plus à la pêche, surtout dans son ruisseau qu'il avait un peu privatisé en clôturant le bord de la route de part et d'autre du pont, il eût le bonheur d'attraper plusieurs « truites fario » qui faisaient tout juste la maille, mais qui s'avérèrent délicieuses, son notaire le réveilla,

_Vous pensez aux travaux j'espère car je pense que j'ai des locataires sérieux à vous proposer lui exposa-t-il ;

« Promis répondit-il, je les attaque lundi sans faute » .C'est ce qu'il fît et le bricoleur qu'il avait été pendant des années retrouva son savoir-faire, en moins de trois semaines les peintures étaient faites, les tapisseries aussi, en plus il avait réparé pratiquement toutes les dégradations que font l'usure et le temps, le plombier avait soudé les dalles et arrangé les tuyauteries, la maison était comme neuve, vivement qu'i y ait des gens pour égayer cette demeure pensa-t-il sincèrement. Il lui restait que quelques détails à régler mais on était le premier mai, la fête du travail, aussi avait-il décidé de respecter cette journée de repos, et profitant de la douceur de la météo, bullait dans un grand transat. Il s'amusait de voir son chien poursuivre une grenouille, mais ce dernier arrêta subitement son jeu, dressa la tête, et dans un élan, se précipita vers l'entrée ; « quelqu'un arrive » pensa Romain, et presque aussitôt « quel dommage !», il s'était un peu refait la santé et goûtait avec plus de sérénité à ce calme apaisant des lieux. La voiture passait le portail, c'était donc une personne habituée, « pas Jeanine » il n'avait plus envie de la voir, pour lui c'était fini et bien fini, non ce n'était pas la kiné mais Françoise qui s'approchait maintenant, il se leva pour l'accueillir mais se figea quand il la vit de près, la jeune femme était en pleurs, le visage défait, dans un sanglot étouffé elle se précipita dans ses bras, il mît longtemps à la réconforter, mais même si elle se calmait par instant, cela ne durait que quelques secondes et les larmes reprenaient le dessus, il la fît rentrer dans la maison l'installa sur un fauteuil confortable et la couvrît d'une couverture, elle tremblait littéralement, Romain commençait à s'inquiéter, il ne pouvait laisser Françoise dans cet état, il fallait qu'elle voit un docteur, elle faisait une grosse dépression et seule une bonne dose de calmants pourrait l'aider, il lui proposa mais elle ne pût lui répondre, profitant d'une petite accalmie de son état, il appela Jeanine, à tout hasard, mais c'était la seule solution qu'il avait trouvée, une chance, cette dernière répondit. Calmement, il lui avait expliqué la situation, et à sa voix son interlocutrice sût que c'était sérieux et par bonheur elle avait pu joindre son amant de docteur et lui demander de venir, ce dernier ne mit pas longtemps à arriver, il était passé chercher Jeanine pour le conduire disait-il, mais cela n'avait pas d'importance, il examina la malade, lui fît une injection et quelques minutes plus tard, Françoise dormait à poings fermés.

_Quarante-cinq Euro, dit ce dernier, tarif du dimanche, je vais vous faire une ordonnance et un arrêt de travail on est jeudi réfléchit-il, jusqu'à la fin de la semaine d'après, et si cela ne va pas mieux ou qu'elle ait besoin de plus de repos, qu'elle vienne au cabinet, avant de partir il ajouta, si sa tension est toujours bonne je vais lui faire une deuxième injection expliqua-t-il, mais moins forte, juste pour qu'elle passe une très bonne nuit, et surveillez la bien.

_Ne vous en faites pas je vais veiller sur elle cette nuit, mais après que devrais-je faire demanda-t-il un peu perdu ?

_Demain, vous verrez elle ira mieux, pour ce soir, je pense qu'i vaut mieux qu'elle ne voit personne d'autre, elle est venue se réfugier ici, elle fuyait donc quelque chose conclut le toubib.

_Merci docteur et merci Jeanine d'avoir répondu, j'étais complètement démuni sans vous.

_Essaies de passer une bonne nuit, lui lança Jeanine, je suis sûr que tu vas bien t'en sortir,

_De toute façon ajouta le médecin vous avez mon numéro de téléphone, si elle ne va pas bien vous m'appelez, je suis de garde pour la nuit.

Ils étaient partis tous les deux, Romain avait rentré la petite voiture de Françoise dans le cabanon qu'il avait construit derrière la maison, le soir commençait doucement à installer l'obscurité dans le sous-bois, un souffle de vent fit trembler le jeune feuillage des

grands chênes, le calme régnait de nouveau sur l'étang où quelques canards sauvages avaient élu domicile, finalement songea-t-il on est bien ici, mais très vite sa pensionnaire lui revenait à l'esprit.il la traina comme il pût dans la chambre d'ami, la coucha tout habillée, ne lui enlevant que ses chaussures, puis il referma doucement la porte quand Bandit une nouvelle fois partit comme fou vers l'entrée« à tous les coups c'est Roland pensa-t-il, il fallait qu'il assure ».
Ce dernier était méconnaissable, ivre et sale, il avait dû tomber dans de la boue, il titubait en bégayant des mots incompréhensibles, Romain réussit à l'installer sur une chaise devant la maison, l'autre avait du mal à garder l'équilibre, quand une deuxième voiture arriva c'était un quatre-quatre,

_Où est-il lança un des deux occupants qu'il ne connaissait pas,

Il leur montra l'homme avachi sur le siège,

_Allez dit le passager, « Roland, il faut que l'on te ramène » ils prirent l'homme ivre sous les bras, le chargèrent dans la voiture tout terrain et les portières se refermèrent.

_Bonne soirée monsieur lui dit un des deux hommes en montant dans le véhicule de Roland, ne vous inquiétez pas je fermerai le portail, nous sommes amis, on va s'occuper de lui.

Malgré tout, il était allé vérifier, et mis le dispositif de blocage des battants il serait tranquille personne ne rentrerait sans qu'il le permette, il faisait dorénavant nuit noire, et son ventre criait famine, il était temps qu'il se fasse un petit casse-croûte afin de calmer son estomac. Ce fût bref, comme souvent quelques pâtes suffirent à le combler, le surplus étant englouti en quelques bouchées par son chien, les deux repus regardèrent quelques minutes la télévision, tout en gardant un œil sur la malade qui dormait à poings fermés. La nuit fût coupée de visites à sa locataire provisoire, mais à aucun moment cette dernière ne bougea, le matin, elle sommeillait encore, son visage avait retrouvé un peu de tranquillité et cela apaisa Romain qui après, s'occupa de ses bestiaux qu'il parquait le soir dans un petit enclos, la journée il vaquait librement dans une grande partie de sa propriété, il prit un copieux petit déjeuner et appela son notaire pour l'avertir de ne pas passer à sa maison de Mussidan, pour le moment, il était bloqué pour le reste de la semaine à St Michel, l'autre ne demanda pas d'explication et remis sa visite au lundi suivant, en attendant Romain avait récupéré le pain et se préparait à confectionner le petit déjeuner, mais les calmants devaient être puissants et Françoise n'ouvrit les yeux que juste avant midi, et malgré ses douze heures de sommeil, elle semblait encore prête à se recoucher, il encouragea, lui proposa du pain grillé et du lait et après lui avoir dit oui, elle se précipita aux toilettes d'où elle appela lui demanda de lui apporter des affaires de rechanges qu'elle avait dans le coffre de la voiture, voyant qu'il avait apporté les deux sacs et la valise, elle s'écria enfin réveillée ;

_Ma parole, tu veux que je m'installe, mais tout de même avec beaucoup de tristesse et un sourire timide

Elle ressortit de la salle de bain, propre et dans un bien meilleur état que la veille. Ils papotèrent de tout et de rien, puis partirent se promener avec le chien, et une partie de la bases cour car les deux chèvres et une brebis les suivaient à distance alors que Bandit dédaigneux ouvrait le chemin, comme la veille, le temps était doux et la température agréable, ils marchèrent jusqu'à la limite des bois de Romain, puis regagnèrent les bâtiments, pas une fois ils n'avaient parlé de Roland, mais le téléphone de Romain le rappela à la réalité,

_C'est lui dit-il, je lui dis quoi ?

_Que tu ne m'a pas vu répondit-elle déjà stressée,

_Salut Roland, comment vas-tu, attaqua-t-il ?

_Mieux que hier reprit ce dernier, mais ne perdons pas de temps, tu n'aurais pas vu Françoise,

_ Pas ces derniers jours répondit-il, tu sais je suis en train de refaire la maison en ville et je ne suis pas là souvent, et ça va être le cas des prochains jours, mais dis-moi que se passe-t-il entre vous, tu étais dans un triste état hier soir, ça m'a fait peur.

_Excuse-moi pour hier soir mais pour le reste comme d'habitude j'ai fait l'imbécile et je crois que c'était une fois de trop expliqua-t-il, mais quand tu as cinq minutes passe à la maison je t'en parlerai :

_Cela sera avec plaisir mais comme je te l'ai dit en ce moment je suis vraiment trop occupé mais promis dès que j'ai un peu de temps c'est d'accord, je m'avance, alors à bientôt conclut-il en raccrochant pour couper court, la conversation.

Françoise avait faim, c'était bon signe, elle fît un quatre heures de monstre et après enfin elle se décida à se confier, pendant plus d'une heure elle lui raconta sa vie des derniers mois, il écoutait, et ne trouva pas les mots pour éteindre le nouveau flot de larmes qui coupa sa confession, il la saisit aux épaules et l'étreignit tendrement, elle se blottit contre lui comme si elle voulait échapper à un danger, et pendant de longues minutes, ils restèrent ainsi sans bouger, titubant parfois, enfin elle se dégagea, mais avec beaucoup de douceur.

_je suis en train de te mettre dans l'embarras gémit-elle ;

_Tu es ici chez toi et tu peux rester le temps que tu veux, par contre, il faut absolument que tu prennes les médicaments que t'as prescrit le médecin hier lui dit-il.

Elle le regardait, les yeux grands ouverts, plein d'étonnement

_j'ai vu un docteur hier soir questionna-t-elle inquiète ?

_Oui avoua-t-il j'ai eu si peur et me suis senti démuni, il a dit que ce n'était pas grave mais qu'il fallait absolument que tu prennes un traitement trois ou quatre jours, j'ai l'ordonnance, et même un arrêt de travail affirma-t-il.

De nouveau elle se réfugia dans ses bras et entre deux sanglots lui demanda dix fois de l'excuser qu'elle était désolée. Ils arrivèrent à la pharmacie à la limite de la fermeture, personne ne les retarda et très vite ils étaient de retour, comme la veille elle ne résista pas au sommeil, et regagna très vite sa chambre, les comprimés étaient efficaces, elle s'endormit rapidement, mais cette nuit-là, il n'eût pas besoin de veiller sur elle, elle dormit d'un trait jusqu'au matin où elle se réveilla en pleine forme du moins physique, car le moral lui était resté dans les chaussettes. Le samedi, elle admit l'arrêt de travail et il alla le poster pour qu'il soit le lundi matin à son bureau, elle avait envoyé un message à sa collègue pour que cette dernière ne soit pas surprise de son absence et ait le temps de s'organiser. Ils faisaient de grandes promenades, bras dessus bras dessous, comme de vieux amis, mais dans leurs grandes discussions, elle n'évoquait plus ni Roland, ni la possibilité d'un quel qu'autre retour avec lui, c'était fini, il n'y aura pas de recommencement, ni avec Roland, ni avec Mathieu qui la relançait régulièrement depuis leur divorce et à qui elle n'avait laissé aucun espoir, mais ce dernier s'accrochait encore plusieurs années après leur mariage. Le moral était toujours au plus bas, elle avait appelé Roland pour lui dire quelle viendrait chercher ses affaires, elle ne lui avait pas fixé de date précise, mais elle connaissait ses habitudes, et en moins de deux avait ramené chez Romain son triste barda,

_Tu vois lui disait-elle, à plus de trente-cinq ans, voilà toute ma fortune, quatre vêtements usés et un compte épargne à la poste avec mille cinq cent euros dessus, j'allais oublier ajoute-t-elle, ma vieille guimbarde

Alors, ses yeux s'embuaient, sa voix se cassait, étouffée par les sanglots, elle se réfugiait dans ses bras. Ils restaient ainsi de longs moments prostrés, enlacés l'un contre l'autre, mais jamais, à aucun moment, leur relation ne dérapa et resta dans le giron de l'amitié. Romain avait pour elle une tendresse infinie, et si avant cet accident de la vie, il espérait une aventure coquine, maintenant il essayait au mieux de soutenir la jeune femme. Les jours passaient, elle avait prolongé son arrêt de travail de deux semaines et posé la dernière semaine de mai et la première de juin en repos, elle avait tellement de jours à récupérer, qu'elle n'avait même pas eu à piocher dans son capital de congés de l'année, ses problèmes professionnels étant en suspens, elle voulait maintenant s'occupait de sa vie, elle avait réglé ses comptes avec Roland, qui savait maintenant que la page était tournée et que pour le moment elle logeait chez Romain, mais que c'était provisoire car entre eux il n'y avait que de l'amitié, petit à petit elle posait les jalons d'une nouvelle existence, Romain, lui la regardait évoluer, les instants de cafard se faisaient plus rares, les larmes aussi, elle avait été chez le coiffeur et même dans un institut de beauté se faire donner des soins, elle était redevenue une superbe femme, et il avait pu mesurer ses charmes avec les regards appuyés que lui lançaient les hommes qui la croisaient en ville, enfin bref, le sourire revenait peu à peu sur son visage, un soir au restaurant, c'est elle d'ailleurs qui l'avait invité pour une soirée ciné restau à Périgueux, ils regardaient tous les deux un serveur qui se la petait, faisant des manières pire que dans un quatre étoiles, malheureusement pour lui, alors qu'il avait un plateau bien garni, un client se leva brusquement l'obligea à s'arrêter brutalement, mais pas de chance, le plateau se renversa et Françoise partit dans un éclat de rire qui enchanta la salle où ils se trouvaient. Il profita de son rire cristallin une bonne partie de la soirée, ou plutôt de fous-rires qu'elle ne pouvait maitriser, alors comme quand elle craquait dans son malheur elle se réfugiait de la même façon dans les bras de Romain qui plein de bienveillance la serrait très fort contre lui pour essayer de la calmer, mais dans ces moment nouveaux, il avait bien du mal lui-même à ne pas éclater de rire. Cette soirée resta pour eux mémorable et lors du petit déjeuner le lendemain, Romain singea le serveur et de nouveau les rires fusèrent dans la maison de l'étang qui avait connu trop de larmes dernièrement, de nouveau, la vie était belle. C'est vrai que pour lui dont l'existence n'avait pas été épargnée par les malheurs, le fait d'avoir Françoise à réconforter l'avait remis dans une logique de savoir que quelles que soient les injustices que la destinée vous inflige, il suffit parfois d'une main tendue pour sortie du marasme dans lequel elle vous a plongé il en avait connu des catastrophes entre les pertes de sa fille et de son épouse tant chéries sans oublier la maladie, il avait eu son lot, et le traumatisme profond avait connu un répit avec l'arrivée de Jeanine, la situation d'aujourd'hui, où c'était lui qui tendait cette main à Françoise, lui aidait un peu plus à sortir lui-même la tête de l'eau. Ils attaquaient maintenant leur quatrième semaine de vie commune, tout allait pour le mieux, Romain avait fini les aménagements de la maison en ville, mais malheureusement les locataires potentiels s'étaient désistés, mais elle était maintenant prête à être louée. Il avait tenu également à ce que la mise en vente soit maintenue, on ne sait jamais, en attendant en ce mardi du début du mois de juin, il rentrait content vers son petit domaine que la présence de Françoise rendait encore plus attrayant, il ramenait avec lui, une belle côte de bœuf qu'ils mangeraient à midi, il avait préparé le bois pour les braises ce matin, rien que d'y penser le faisait saliver d'avance, cela faisait du bien de retrouver les bonnes choses. il fût un peu chagriné, quand il aperçut le portail ouvert et une voiture garée devant la maison, heureusement ce n'était pas Roland comme il le craignait, son chien l'attendait impatiemment, et il eût droit comme à chacun de ses retours à une fête joyeuse, il rentra dans la maison où un homme était assis en face de Françoise, elle le présenta c'était le receveur en chef de la poste pour le secteur de la basse vallée de l'Isle, elle dépendait directement de lui, ils s'étaient téléphonés et donnés rendez-vous pour faire le point.

_Vous comprenez questionna-t-il en tant que responsable il me faut savoir si vous allez être en état de reprendre votre poste le quinze juin, et aussi ajouta-t-il, pouvoir me remplacer au premier octobre car je vous l'ai dit je suis muté à Bergerac comme chef de centre et je vous l'annonce c'est vous qui me remplacerez en tant que responsable de secteur, à condition bien sûr reprit-il que vous soyez suffisamment remise pour cela.

Un grand silence s'étendit dans la grande pièce, c'est Romain qui le rompit en invitant l'homme à prendre un verre,

_Non merci c'est gentil mais il faut qu'à midi je sois à Périgueux, j'ai rendez-vous avec le directeur départemental, voyez-vous expliqua-t-il ce n'est pas la personne qui faut faire attendre.

_Sans aucun problème annonça Françoise, je serai là le quinze et c'est franchement oui pour vous remplacer, je vous remercie d'ailleurs de votre confiance.

_C'est tout à fait normal répondit-il vous le méritez amplement et pour vous cela ne vous changera pas le lieu d'embauche car le bureau ferme après mon départ et sera transféré à Mussidan, maintenant je vous laisse, vous avez trouvé un superbe endroit pour vous remettre poursuivit-il, soignez-vous bien et à bientôt.

Une fois le responsable parti, Romain se hâta pour allumer le feu, il n'avait pas trop envie de savoir ce que Françoise allait décider pour tout ce qui allait avec la reprise de son travail, il regardait, les flammes dévorer les bûchettes de bois sec, ne voulant pas penser à demain, c'était tellement bien aujourd'hui. Françoise avait vu que son ami s'était refermé sur lui-même, elle le regardait perdu dans les braises de son feu, essayant de trouver un quelconque réconfort dans la chaleur du foyer. Sans faire de bruit elle s'était approchée et de sa voie la plus douce, elle lui demanda

_Il fait très beau, on pourrait manger dehors ?

_Oui, si tu veux il n'y a pas de souci,

_Mais toi le veux-tu depuis que je suis arrivée ici, tu fais tout ce qui est en ton pouvoir pour m'être agréable, si je vais bien aujourd'hui, je te le dois en grande partie, il va falloir parler de demain, mais dans le moment présent, pensons à nous deux et pas qu'a moi exposa-t-elle, d'ailleurs tu vois les pommes de terre et les cèpes doivent être cuits, c'est un peu à moi de faire la cuisine. Il était ému de ses propos, dorénavant c'était ses yeux qui se remplissaient de larmes, et il ne pût répondre, s'en prenant maladroitement à la fumée, le repas fût des plus agréables et, une fois n'est pas coutume il avait débouché une bouteille de vin, et ce fût un déjeuner qui resterait dans leur mémoire, si Romain ne buvait pas de café, Françoise si et la dégustation de celui-ci fût pour elle le moment d'évoquer l'avenir qu'elle redoutait.

_Dis-moi l'interrogea-t-elle, tu vois ça comment, pour demain.

_C'est plutôt à toi de me le dire lui répondit-il, moi je sais que même si ce n'est pas la solution, tu peux rester là le temps que tu veux, pas de problème.

_Tu es vraiment trop gentil reprit-elle et je pèse mes mots, tu m'as secourue, soutenue portée et aidée à surmonter ce mauvais passage, jamais je ne pourrai te remercier assez car ta correction a été en plus exemplaire, tu vois poursuivit elle en le regardant bien droit dans les yeux aujourd'hui je suis d'accord pour répondre à tout ce tu pourrais me demander, je te dis bien tout, insista-t-elle, mais demain ou après-demain, la vie va reprendre ses droits et moi mon travail, je ne peux pas faire autrement que d'y penser.

_Je ne te demande rien, ce que j'ai fait, c'est ce dont tu avais besoin et que je pouvais le faire, de voir le résultat, me suffit, tu es redevenue la superbe jeune femme souriante et gaie que j'appréciais déjà beaucoup précisa-t-il, te demander quelque chose en échange demanda-t-il c'est détruire l'harmonie qui a habité ces moments passés ensemble, pour demain, tu es libre, en attendant tu peux rester le temps que tu veux ici, moi cela ne me gêne pas au contraire avoua-t-il, j'y trouve avec ta présence une compensation sans prix, après c'est ton choix, ta vie, ton avenir, je n'ai pas le droit d'intervenir à aucun moment dans tes décisions affirma-t-il, maintenant si tu veux, réfléchis et parlons d'autre chose. Elle s'approcha de lui, et dans un souffle lui dit ;

_S'il te plaît serre moi fort dans tes bras, j'en ai besoin, vraiment besoin, là au moins je sais que rien ne peut m'arriver lui murmura-t-elle, on verra pour demain, un autre jour se lèvera j'espère conclut-elle en se blottissant bien fort contre lui.
Mais la mi-juin arriva bien vite, le weekend avant sa reprise, alors qu'il se dorait au soleil, au bord de l'étang, elle lui posa soudainement cette question qui le fit revenir d'un seul coup à la réalité.

_Dis-moi, questionna-t-elle, ta maison à Mussidan tu la loues combien si ce n'est pas indiscret.

Il mît un moment à répondre, elle crût qu'il ne voulait pas, et se leva pour rejoindre l'ombre de la maison. Quelques minutes après, il avait rejoint, dans le salon, enfin il lui adressa la parole.

_Excuse-moi, je suis obligé de calculer, car maintenant il faut parler en euro et pour moi la conversion n'est pas toujours facile s'expliqua-t-il.

_Dis-moi le en franc rétorqua-t-elle encore agacée par son silence.

_Trois cent vingt euros par mois dit-il presque gêné

Voyant qu'elle faisait toujours la tête, il revint s'installer sur son pliant, vissa une casquette sur son crane pour se protéger du soleil, et mal à l'aise se laissa réchauffer par ce dernier qui ne ménageait pas ses efforts. Mais décidément, ce n'était pas son jour car un petit nuage de moustiques se mît à tournoyer au-dessus de sa tête, en rogne, il se leva et se dirigea sur la digue, le chien était heureux, car finalement ne tenant plus en place, il se décida à faire le tour du plan d'eau, ne le voyant plus, Françoise sortit brusquement, elle le cherchait en vain du regard quand elle entendit le chien, qui aboyait vers la queue de l'étang, rassurée, elle reprit sa place dans sa chaise longue, et confia sa peau aux rayons du soleil, elle était bien ici, mais cela ne pouvait durer éternellement, mais comment l'expliquer à Romain, un homme gentil et droit, qui à aucun moment n'avait cherché à profiter de son désarroi et de son besoin de tendresse, c'est sûr pensa-t-elle , que s'il avait voulu, elle n'aurait pas résisté, mais ceci ne les aurait menés nulle part. Enfin il revenait, elle se leva pour l'accueillir, et sans lui laisser le temps de parler lui annonça ; avec une tendresse infinie,

_Il faut absolument que l'on parle :

_Je sais répondit-il, et j'attendais ce moment avec crainte, mais tu as raison, il faut que l'on parle.

Ils parlèrent, jusqu'à très tard, et le matin quand elle partit travailler, il s'était donné rendez-vous à sa maison, il avait trouvé une locataire mais en même temps perdu une compagnie, elle déménagerait dans la semaine, de toute façon, elle n'avait pas grand-chose, elle ne commencerait à payer le loyer que le mois d'après, et rattraperait son retard plus tard, pour la caution, il ne lui avait point demandé, Romain était triste, il avait beau essayé de ne pas le montrer, la grisaille revenait dans sa vie et le vent qui la portait avait soufflé fort et la couche était épaisse et pesante, alors que dehors le soleil brillait de mille feux, dans son intérieur, il était mort un peu plus, l'hiver était en avance. Bien sûr le temps s'était remis à passer et les premiers week-ends, Françoise revenait passer quelques heures avec lui, mais très vite ses visites s'espacèrent pour devenir inexistantes. Il s'installait dans une existence morne et terne, pourtant le début de l'automne illuminait le paysage, les premières feuilles commençaient à tapisser le sol, et les arbres flamboyaient sous des couleurs dorées, mais lui qui s'extasiait tant d'habitude devant ce spectacle étourdissant, cette année restait froid aux couleurs merveilleuses d'un automne ensoleillé qu'une brise légère n'arrivait pas à refroidir. Dès les premières pluies, la terre éclata sous la poussée des bolets précédés de quelques jours des girolles orangées, mais les armoires étaient pleines de conserves, et Romain n'en ramassa qu'une fois ou deux pour les goûter, leur saveur délicieuse ne le combla point, de toute façon il ne mangeait plus beaucoup, s'imposa un régime qui ne lui apportait qu'un teint blanchâtre et une forme timide, et c'est à ce moment qu'une mauvaise grippe le cloua au lit pour quinze jours,, ce fût pour Roland l'occasion de renouer les liens que Françoise avait distendus, il lui portait ses médicaments et lui faisait quelques courses. Mais leur relation fût de courte durée car son copain lui apprit qu'il avait également reprit contact avec son ancienne compagne et qu'il comptait bien réussir à la convaincre de reprendre la vie commune. Fou de rage, Romain avait téléphoné à la jeune femme, mais elle n'avait pas répondu, aussi lui avait-il laissé un message plein de dépit.

_Oui bonjour, c'est le propriétaire, je venais aux nouvelles car j'ai appris que vous allez bientôt quitter votre location, ce serait sympa de m'en tenir informé avait-il marmonné, je sais bien que je suis la dernière roue de la charrette, mais quand même avant de reprendre la vie commune avec votre ancien copain, j'aimerais être au courant de votre départ.

Il avait raccroché et éteint son portable, la colère le rongeait, il pensait encore aux jours entiers qu'il avait passés à la secourir, à lui parler, à lui redonner goût à la vie, et là, dès qu'elle avait franchi le pas, la seule chose qu'elle trouvait à faire pour le remercier, c'était de retourner vivre avec Roland, ça, il ne le supportait pas.

Chapitre 8

Les deux jours qui suivirent, il ne mit pas le nez dehors, n'ouvrant même pas à Roland qui venait le voir, laissant le téléphone débranché, vendredi arrivait, la toussaint aussi, il fallait qu'il se secoue, il y avait des tombes à fleurir, cela il ne pouvait pas l'oublier. L'après-midi une surprise l'attendait, alors qu'il ouvrait le portail, une grosse Mercédès s'engageait dans son chemin, il se trouva nez à nez avec le gros véhicule, et quand il descendit il reconnut le chauffeur,

_Alain s'écria-t-il, Alain Hermann, que fais-tu là ?

_Tu m'as reconnu Romain, pourtant j'ai vieilli répondit l'autre,

_Attends, un peu, que je fasse demi-tour dit-il tu vas me raconter ce que tu fais ici.

Cela faisait deux bonnes heures que les deux hommes devisaient, se racontant des souvenirs d'avant le service militaire, ils avaient travaillé un peu ensemble, mais cela avait suffi pour qu'ils sympathisent, Alain était issu d'une famille de gitans qui s'était sédentarisée, mais lui avait repris la route et la caravane, mais il y avait cinq ans alors qu'ils étaient en vacances, un chauffard avait fauché sa femme et deux de ses enfants, son épouse était morte sur le coup son fils de vingt ans aussi, seule sa fille de vingt-deux ans avait survécu, mais c'était un légume, et il ne restait pas beaucoup d'espoir pour qu'elle guérisse.

_C'est pour cela que je suis venu te voir, je cherche un endroit comme celui-ci, et quand j'ai appris que c'était à toi, j'ai eu envie de venir voir et de te revoir en même temps.

Les vieux amis s'étaient remis à parler,

_Tu veux rester souper avait demandé Romain ?

_Non, c'est vraiment très gentil de ta part, mais si cela ne te dérange pas, je peux revenir avec mes enfants demain questionna ce dernier.

_Sans problème, je dois aller chercher des fleurs pour ma femme et ma fille, mais après je ne bouge pas exposa Romain,

_Tu vois, reprit Alain, la vie ne nous a pas fait de cadeau, mais je suis heureux de te revoir, et moi je n'ai pas trop à me plaindre, il me reste un fis de dix-huit-ans, et ma fille malgré son état, alors que toi constata-t-il, t'es seul, je le dis souvent quand je vais pas bien, il y a toujours plus malheureux que soit, allez je m'en vais on ne va pas se retrouver pour pleurer dans les bras l'un de l'autre ironisa-t-il au bord des larmes.

Les deux copains se saluèrent, ce soir-là, Romain dormit un peu mieux et le matin ils se força à manger, au lever du jour, il était dans la voiture, son chien avait pris place sur le siège à coté, et ils prirent la direction de la ville, à neuf heures il était dans le supermarché où il faisait le plein de courses, et à dix heures pétantes il était de retour dans son petit royaume, quand la famille Hermann arriva, il était rasé et propre comme un sou neuf, les deux amis se congratulèrent longuement, la discussion de la veille avait laissé des traces. Sandra était dans un triste état, quel gâchis, la jeune fille était très jolie, mais son corps démonté faisait peine à voir, on voyait sortir des tiges de métal des deux jambes, et elle avait un bras encore immobilisé, pour elle, les opérations se succédaient, et son corps disait stop, laissez-moi tranquille, les lieux l'émerveillèrent,

_C'est dommage lui dit Romain, il y a un mois encore, les couleurs étaient merveilleuses,
_j'imagine lui répondit la jeune fille, c'est pour cela que je veux que papa me trouve un endroit pareil répondit-elle, je veux voir vivre la nature et les saisons, et même s'il ne me reste que peu de temps à passer sur cette terre, je veux voir cela avant de partir.

Il n'avait pu répondre, pas plus qu'Alain, dont les yeux s'étaient remplis de larmes, un long moment après, la pluie s'était mise à tomber, un vrai temps de novembre, fine et froide, se glissant partout.

_On va rentrer, lança Romain, je vais vous préparer quelques boissons, tout le monde s'assit autour de la grande table de la salle à manger.

_C'est magnifique dedans et dehors dit le jeune garçon qui n'avait pas ouvert la bouche,

_Une maison de célibataire avoua le propriétaire un peu gêné, mais vous êtes là pour longtemps demanda-t-il, car je ne veux surtout pas vous faire de fausse joie, mais il faut que je passe un coup de fil, après on en reparle,

Il était sorti téléphoner à Françoise, cette fois ci cette dernière répondit ;

_je suis désolé de te déranger, dit-il mais j'ai un besoin urgent de de te parler,
_Moi aussi j'aimerais veux te parler, lui répondit-elle apparemment en colère, car je dois te dire que je n'ai vraiment pas apprécié ton appel de l'autre jour.

_Ecoute je conçois que je n'ai pas été très poli, pardonne moi, expliqua-t-il, mais là j'ai une urgence et ne te remets pas en colère tu vis ta vie je n'ai pas en m'en mêler, j'ai juste besoin de savoir si tu vas quitter la maison et surtout quand.

_Tu es chez toi lui dit-elle ?

_Oui, mais pourquoi rétorqua-t-il,

_j'arrive lui affirma-t-elle, ce sera plus simple.

Elle ne lui avait pas laissé le temps de répondre, il était là sous la pluie, ne sachant pas quoi faire et surtout quoi dire à ses visiteurs, il rentra penaud et s'installa sans rien dire avec ses visiteurs.

_Cela n'a pas l'air d'aller, lui demanda Alain ?

_je voulais te donner une réponse pour ce plan d'eau qui aurait pu te ravir mais là je ne sais plus quoi te dire avoua-t-il, mais j'ai une amie qui arrive qui va peut-être m'éclairer un peu, d'ailleurs si ton fiston peut aller ouvrir le portail demanda-t-il, j'ai les jambes coupées par tant d'émotion. Le temps d'aller au portillon, Françoise arrivait comme un bolide, elle salua tout le monde, Romain avait fait les présentations, le soir tombait doucement.

_Vous voulez rester souper proposa Romain ?

Tout le monde déclina, les Hermann étaient attendus, et Françoise soupait chez Roland, elle avait compris la situation, et avant d'arriver chez son ancien compagnon, elle l'avait appelé sur son portable, pour lui dire qu'elle ne comptait pas quitter la maison au contraire, elle voulait s'il était d'accord lui acheter, depuis qu'elle avait quitté Roland, ses parents avaient renoué avec elle, et lui avait proposé leur aide, elle était fille unique et ils étaient heureux d'avoir de nouveau leur fille à eux, pour finir elle lui avait demandé pardon de l'avoir négligé ces derniers mois

_j'ai essayé de vivre à nouveau, et j'ai préféré couper les liens avec toi pour être complètement libre, c'est pour cela expliquait-t-elle que je ne t'ai pas donné signe de vie, mais je peux t'assurer affirma-t-elle que je pense très souvent à toi, et que ce soir si je vais chez Roland, c'est qu'il y a ses enfants et que je veux récupérer le reste de mes affaires, j'espère que tu me crois avait-elle conclu mais je t'assure que je suis sincère quand je dis que je pense souvent à toi. C'est ainsi qu'elle avait mis fin à leur conversation, Romain n'avait pas fermé l'œil de la nuit, entre Françoise et la famille Hermann, tout se bousculait s'enchevêtrait, et le matin enfin quand il ferma les yeux, il savait ce qu'il allait faire du moins pour la famille Hermann. Le lendemain, juste avant midi, il appela Alain ;

_j'ai besoin de te voir, lui avait-il dit sur son répondeur, si tu pouvais monter on pourrait parler.

Il faisait une sieste réparatrice quand la grosse voiture annonça son entrée par un grand coup de klaxon, le temps était mitigé, mais par moment le soleil courageux arrivait à percer le plafond nuageux, les deux jeunes gens s'étaient installé sur le bord du plan d'eau, appréciant le paysage et s'émerveillant de la multitude d'animaux qui habitaient l'endroit. Car en plus des canards, et des animaux domestiques, il était fréquent de voir un sanglier ou un chevreuil venir s'abreuver tout au bout du plan d'eau, et les oiseaux également étaient légion. Valentin le frère de Sandra était attentif au moindre désir de sa sœur, cette dernière l'avait poussé lors de l'accident, ce qui lui avait sauvé la vie mais condamné sa sœur, depuis il se dévouait corps et âme pour elle. Les deux hommes les observaient de dedans la maison, ils s'étaient assis face à face, et Alain avait écouté avec attention ce que Romain avait à lui dire en fait ce dernier avait fait une proposition à son ami, et ce dernier hésitait à donner sa réponse, il faut dire que l'offrande était de taille. L'avenir était un mot qui lui faisait peur, de l'envisager tout seul, il n'en était pas question, aussi avait-il proposé à la famille Hermann de venir s'installer à l'étang dès le printemps, vu les travaux à réaliser pour la restauration du bâtiment afin d'accueillir toute la famille, cela ne lui coûterait pas très cher de bâtir deux pièces de plus, et cela pourrait être réalisé rapidement, la chalet pourrait être son refuge, il adorait y passer des heures, là aussi, quelques aménagements suffiraient à un confort douillet, une clôture en claustra, séparerait les deux habitations, évitant une promiscuité parfois gênante, il avait pensé à tout, du moins espérait-il, après c'était aux Hermann de décider, il devait passer dans la semaine. Il n'eût pas à attendre longtemps, ils arrivèrent dès dix heures le matin, il faut dire que pour la fin du mois de novembre le soleil était de la partie,

_On t'envahit glissa Alain à Romain, ma fille est tombée amoureuse des lieux, et ajouta-t-il, je ne peux pas lui refuser grand-chose alors nous voilà, mais pour nous faire pardonner, on a porté le déjeuner.

Romain serra Alain dans ses bras en lui disant :

_Pas une visite ne pouvait me faire autant plaisir, vous êtes ici chez vous et vous pouvez y venir tous les jours affirma-t-il, j'en serais le plus heureux conclut-il

Il embrassa tendrement Sandra, la jeune fille le retint avec force de son bras encore un peu valide,
_Merci encore lui murmura-t-elle émue, je me sens tellement bien ici.

Valentin aussi lui fit la bise, en quelques jours ils étaient devenus de la famille, cela réchauffa le cœur du vieil homme ,mais pour qui il se prenait ,alors qu'il n'avait pas fêté ses soixante ans.la journée fût belle, et avant qu'ils ne partent Romain leur fit part de ses projets, Alain était trop ému pour répondre, et promit de revenir le lendemain, ce fût demain mais aussi les autres jours, les assurances avait permis au reste de la famille une existence plus qu'aisée financièrement, aussi pouvaient-ils vivre oisivement, du moins sans travailler. Alain avait dit que dimanche il donnerait sa réponse, les yeux de Sandra avait déjà dit oui depuis longtemps. Le jour venu, c'est Alain qui fit ses propositions, il avait préparé, un plan, pour les travaux qu'il ferait lui-même avec son fils, Romain paierait les matériaux et eux un loyer, Sandra ne voulait pas de la séparation, mais plus encore, il avait prévu deux pièces supplémentaires sur le côté du chalet qui donneraient une aisance plus confortable dans la vie de tous les jours pour lui. Les Hermann avaient pensé à tout, même au montant du loyer, que Romain baissa et enfin ils tombèrent d'accord, deux jours après, ils installaient une immense caravane où ils allaient vivre en attendant, dès le printemps ils attaqueraient les travaux, la vie était presque belle. Car bizarrement avec l'arrivée des Hermann, Françoise aussi faisait son retour régulièrement le weekend, il n'était pas rare qu'elle vienne le samedi après-midi et revienne passer le dimanche avec eux, c'était devenu une famille recomposée, chacun y amenait sa dose de rancœur mais aussi sa soif de lendemain, les dimanches, les repas de midi étaient toujours très agréables, rarement le ton dépassait la normale sauf de rares fois quand Alain avait bu un pernod de trop, il se laissait aller à pousser la chansonnette, les autres le calmait très vite, il chantait comme une casserole dans ce climat plutôt convivial, Sandra reprenait confiance, son bras gauche reprenait doucement vie, juste après un Noël réussi et un premier de l'an joyeux, elle devait retourner à l'hôpital pour un long séjour, mais le moral était de retour et lui permettait d'aborder ce nouveau combat avec beaucoup plus d'envie, elle avait noué une véritable relation amicale avec Romain et Françoise et ses deux nouveaux amis la portaient littéralement vers l'avenir, ils ne la laissaient pas souvent tranquille, la mobilisant à la moindre occasion pour avoir son avis ou l'intégrer à un projet, et en plus ils l'aidaient beaucoup dans son besoin de réapprendre certains gestes, bien sûr parfois elle se mettait en colère, et dans ces moment-là ils la laissaient tranquille mais pas très longtemps car ils revenaient bien vite à la charge et avec le sourire, elle ne pouvait que craquer devant ce couple si sympathique dont elle était devenue l'objet de toutes les attentions. Le début de l'année fût consacré aux travaux, entrecoupés de visites à l'hôpital de Bordeaux, Sandra ne resta pas un jour sans visite, un de ses oncles habitait pas très loin et son frère avait pris pension chez lui, quand elle revint elle avait comme l'impression de n'être jamais partie, mais dès le mois suivant, le printemps pointait le bout de son nez et la nature, frémissait de partout, pour comble de bonheur son opération du bras en décembre pour enlever les broches à l'intérieur avait complétement réussi, de nouveau elle s'en servait presque normalement, évitant des tas de corvées à tous ceux qui l'accompagnaient dans la vie aujourd'hui. Romain était transfiguré, il s'impliquait totalement dans la guérison de la jeune femme, au grand bonheur de son ami Alain qui pouvait souffler un peu plus de temps en temps, les travaux avançaient rapidement, Françoise avait fait son retour, une réapparition pleine de promesse car jamais ils n'avaient été si proches. Ce regain de bonheur jouait avec l'arrivée du beau temps, les feuilles déchiraient les bourgeons pour s'accrocher aux branches qui les portaient, partout la nature s'éveillait, les primevères et les jonquilles premières de cordée parmi les fleurs faisaient de la résistance et ne voulaient pas mourir, s'éternisant encore pour accompagner les lys du bord de l'étang qui à leur tour laissaient apparaître leurs pâles couleurs, c'était magnifique et en ce dimanche de fin mars alors que la famille Hermann avait rejoint Bordeaux, Sandra se faisait enlever une broche de plus en début de semaine ainsi que des tendeurs, Françoise et Romain était devenus amants, en ce dimanche après-midi, ils se reposaient quand elle l'avait rejoint dans la chambre, sans bruit elle s'était déshabillée et glissée sous les draps, là il avait découvert une femme superbe, tendre câline mais aussi passionnée, l'homme qu'il était avait oublié l'âge qui les séparait pour devenir son amant et à compter de ce jour son compagnon, pour combien de temps !, lui ne s'était même pas posé la question, il prenait son compte de bonheur que la vie lui offrait, sans calcul ni aucune crainte la semaine fût idyllique, Françoise était en congé, deux fois ils s'avancèrent voir Sandra, cette dernière ne s'y trompa pas, elle avait su lire dans leurs yeux qu'un nouveau bonheur était né, elles les avait serrés un peu plus fort contre elle, leur faisait comprendre qu'elle aussi partageait à sa manière ce moment de joie et de ravissement, le lundi matin de la semaine d'après, elle était de retour au plan d'eau, Romain n'était pas là, il arriva vers midi, heureux comme un gamin, il étreignit avec une tendresse infinie la jeune fille, et tous deux restèrent enlacés longuement. Alain regardait la scène avec émotion, sa fille avait retrouvé la joie de vivre, non plutôt l'envie ce qui était encore plus important. Alain aussi avait retrouvé le moral, son fils était resté chez son oncle à Bordeaux, il commençait depuis ce matin à aider dans la boutique de ce dernier ou plutôt un bric-à-brac où l'on trouvait de tout, le principal pour lui étant de voir son fils ne plus s'accrocher à sa sœur du moins à plein temps, et attaquait enfin une vie à lui. Le terrible accident l'avait marqué profondément, trop sans aucun doute, il fallait au plus vite qu'il s'ouvre des horizons nouveaux lui permettant de refermer du moins en partie cette plaie béante. Au plan d'eau les travaux s'achevaient la maison était maintenant finie, mais le chalet n'avait pas vu de rajout, la relation entre Françoise qui semblait perdurer avait stoppé le projet, le nouveau couple dormait en ville, Romain partait quand Françoise embauchait et regagnait l'étang pour y passer sa journée, sa compagne attendait avec impatience un aménagement d'horaires en journée continue, qui lui permettrait d'avoir ces après-midi de libre, une nouvelle réorganisation des bureaux de poste et la fermeture de quelques-uns devaient le lui permettre, elle travaillerait dans un mois ou deux de sept heures à treize heures et un samedi matin sur deux, ce nouvel aménagement lui convenait parfaitement, elle attendait juste la notification qui elle espérait ne saurait tarder. Depuis qu'elle était en couple avec Romain et malgré leur grande différence d'âge, elle avait retrouvé beaucoup de sérénité, et envisageait de plus en plus l'adoption d'un jeune garçon dans les deux années à venir, elle avait quand même décidé de patienter pour en parler à son nouveau compagnon, décidément se disait-elle « j'ai quand même une sacrée attirance pour les hommes d'un certain âge », mais cela ne la dérangeait pas du tout elle assumait même et pas question de ne pas sortir avec Romain, il était doux, calme et séduisant et avec lui elle se sentait tellement en phase, qu'elle avait envie que cela dure le plus longtemps possible. Pour tous, le printemps était passé comme un tourbillon et déjà l'été tapait à la porte et le soleil réchauffait l'eau paisible de l'étang. Alain avait loué une pelle mécanique pour achever les travaux, décidément disait son copain « il sait tout faire » et chose étonnante en grattant au pied de la petite colline il avait mis à jour une autre source qui donnait une eau d'une grande pureté, il y avait déjà celle qui alimentait la maison, mais la dernière avait un débit largement supérieur, il restait à savoir quoi en faire et vite car depuis sa découverte, l'eau s'échappait et commençait à faire une mare juste derrière l'habitation, les deux hommes se consultèrent et créèrent pour débuter un fossé provisoire qui envoyait l'eau à l'étang, cela permit d'assécher rapidement les terres inondées et de réfléchir à une solution. Finalement c'est Sandra qui l'apporta, depuis quelques jours elle arrivait à marcher avec deux cannes anglaises, même si sa jambe gauche était toujours sans vie, la droite parvenait maintenant à se plier, lui permettant de faire de petites distances seule tout son entourage ne revenait pas de la volonté et du courage dont faisait preuve la jeune fille, car malgré la douleur qu'elle n'arrivait pas toujours à cacher, elle progressait de jour en jour vers le nouvel objectif qu'elle s'était fixé « remarcher un jour ». Depuis quelques temps Sandra avait demandé à son père et à Romain pour quoi ils ne n'aménageaient pas une plage sur la partie qui se trouvait face au chalet, la réponse d'une eau qui ne se renouvelait pas ne l'avait pas satisfaite mais elle n'avait pas insisté, là avec la source l'occasion était trop belle. Sandra faisait preuve d'une telle volonté, qu'il était difficile de lui refuser quelque chose, et Romain voyait en elle ou du moins retrouvait le jeune fille qu'il avait perdue et qui lui manquait beaucoup, lui aussi aurait fait n'importe quoi pour lui rendre la vie plus heureuse, à force de courage celle qui depuis trois ans, passait d'une opération à une autre, voyait son état s'améliorer doucement, la jambe gauche avait encore un appareillage compliqué, mais la droite se pliait maintenant complètement, les soins en piscine trois fois par semaine, lui redonnait la vie presque normalement ;il restait l'autre membre inférieur qui était encore complètement paralysé, mais elle ne perdait pas espoir, et avec ses béquilles, elle se déplaçait toute seule. L'amélioration de la santé de Sandra, permettait au couple de Romain et Françoise de retrouver une intimité plus grande, ils adoraient la jeune fille et la choyaient sans limites, mais ils goûtaient avec bonheur un peu plus de moments seuls. Les jours passés, le soleil brillait presque trop sur cette famille recomposée, Valentin avait trouvé l'amour dans la région Bordelaise, son oncle rayonnait de joie d'avoir récupéré son neveu, qui remplissait la grande boutique de sa bonne humeur et de son dynamisme, finalement tout allait bien, non plutôt, ce qui pouvait allait, se passait au mieux, les cicatrices ne se referment jamais complétement. Françoise malgré une attention et un désir farouche avait du mal à faire admettre à Romain leur amour, ce dernier renâclait souvent à sortir, prétextant leur différence d'âge, sa compagne était en plus une femme superbe, sur qui le regard des hommes se retournait régulièrement, mais qui l'aimait pourtant de toute son âme. Son ami Alain lui en faisait régulièrement la remarque.

_A force de reculer, tu vas finir par te retrouver seul à nouveau lui disait-il, tu ne vois pas la chance que tu as d'avoir une femme comme Françoise qui te porte de tels sentiments.

Lui, hésitait encore à prendre à bras le corps ce bonheur tout neuf, une semaine qu'ils étaient seuls tous les deux, Alain une fois de plus avait dû amener sa fille à Pellegrin pour sa jambe, il avait osé lui parler.

_j'ai une chance inouïe de t'avoir rencontré, et encore plus que tu te sois intéressée à moi avait-il commencé, j'ai encore du mal à admettre qu'une telle chose m'arrive, avec une fille aussi belle, mais pas que ça, tu es parfaite, un ravissement continu, un plaisir des yeux, tu es une superbe femme et c'est avec moi que tu vis, que tu dors, des fois c'est trop avait-il avoué et je suis tellement maladroit,

il continuait à lui parler sans voir que les yeux de la jeune femme étaient pleins de larmes, elle était tellement émue qu'aucun mot pour le moment ne pouvait sortir de sa bouche, mais il ne s'arrêta pas, et reprit

_Aujourd'hui je me rends compte qu'à force de ne pas vouloir prendre un tel bonheur, de ne pas saisir cette chance infinie que tu m'apportes, je risque de tout perdre, et continua-t-il je n'ai plus de doute sur ton amour et je ne voudrais surtout pas que toi tu en ais sur le mien, il est immense, encore plus même, je t'aime sans limite, tu es devenue tout pour moi, c'est pour cela que je suis si malhabile reconnut-il.

Un silence s'était installé, mais il avait encore tant de choses à lui confier que c'est lui qui reprit la parole.

_Tu sais, si tu veux, je voudrais partir quelques jours avec toi, loin d'ici, vivre une ou deux semaines dans un autre pays, et partager ce moment uniquement avec toi proposa-t-il, j'ai quand même une certaine aisance financière qui me permettrait cela sans problème, tu mérites tant que je m'occupe mieux de toi avec plus d'attentions que cela me semble la moindre des choses avait-il terminé. Elle se jeta littéralement dans ses bras, et resta blotti contre lui un long moment, ses larmes séchaient peu à peu sur son visage, elle aussi aimait cet homme passionnément et encore plus si c'était possible après la merveilleuse déclaration d'amour qu'il venait de lui faire, mais à l'instant présent elle ne pouvait parler, l'émotion l'étouffait, elle était si heureuse, elle avait tant besoin de cette immense tendresse dont il l'entourait, qu'elle ne pouvait concevoir sa vie sans lui. Rassurée et heureuse elle réussit en bégayant un peu à le lui dire et avant qu'elle eût fini de s'exprimer il l'interrompit.

_Ce n'est pas tout, je voulais aussi t'offrir ce petit présent gage de mon amour lui dit-il en ouvrant un petit coffret où trônait un superbe bague. Ce n'est pas un anneau de fiançailles, sois rassurée mais uniquement un gage de tout mon amour lança-t-il ému à son tour.

Enfin elle pût s'exprimer, lui dire tout l'amour qu'elle avait pour lui, et lui avouer qu'elle aussi l'aimait passionnément et de tout son cœur et qu'avec lui elle n'avait jamais connu un bonheur aussi fort. Après, ils restèrent un long moment allongés sur leur chaise longue, goûtant à ce bonheur simple que procure un amour sincère entre deux êtres. C'est deux-là s'étaient trouvés, lui avec ses casseroles de malheur accrochées à son derrière, et des années de profondes galères, elle tellement déçue par l'homme qui l'avait enlevé à son mari et avec qui elle comptait finir sa vie mais qui malheureusement très vite lui avait montré son vrai visage, et lui privé des femmes de sa vie alors que la santé l'avait quittée, maintenant il fallait absolument qu'ils vivent à fond cet amour, ils allaient s'y attacher.

Quelques années plus tard, beaucoup plus tard d'ailleurs, Françoise berçait un landau dans lequel une petite fille s'endormait, elle avait un an et demi et s'appelait Marie, elle avait les cheveux noirs de sa mère, et les yeux bleus de son père, et en plus elle allait avoir un petit frère le mois prochain, en effet Sandra attendait un deuxième enfant, elle s'était mariée avec André, un gentil garçon qu'elle avait rencontré au centre de rééducation où elle était restée plusieurs mois pour retrouver l'usage de sa jambe gauche, lui aussi était un peu cassé à l'époque mais aujourd'hui tous les deux allaient mieux et ensemble étaient heureux, ils s'étaient mariés pour le plus grand bonheur d'Alain qui après avoir été fait grand-père grâce à Valentin retrouvait ce bonheur avec Sandra, enfin lui aussi retrouvait un peu la joie de vivre. Comme quoi le bonheur existe car si ce n'était pas le cas cela y ressemblait drôlement, pour les Hermann au moins, ils avaient pu rebâtir un avenir, les trois petits enfants d'Alain lui assuraient une succession. Romain commençait à faire son âge, mais Françoise était toujours présente, du moins pour le moment, car il lui avait aménagé enfin le chalet et la clôture en claustra séparait maintenant la maison de la cabane, Alain avait acheté une caravane beaucoup plus petite qu'il avait si bien habillée, qu'elle disparaissait dans le paysage autour de l'étang. Les jours s'enfuyaient pour le couple, mais pour les sexagénaires le temps passait encore plus vite, quand on vieillit, le temps s'enfuit, Romain passait maintenant plus de temps avec Alain, comme s'il avait voulu que sa compagne le quitte, en fait c'était le but recherché car il sentait bien qu'il n'était plus à la hauteur pour la contenter, et le pire qu'elle pouvait faire s'était de le tromper, aussi il préférait qu'elle s'en aille ce serait mieux ainsi. Il avait essayé de lui faire comprendre, elle s'était mise en colère et avait boudé plusieurs jours, mais un facteur sous ses ordres au bureau de poste, fraîchement arrivé lui avait simplement souri, il avait comme elle quarante- cinq ans et été divorcé, ses deux enfants étaient maintenant majeurs, il pouvait songer à l'avenir. Même si elle n'osait encore l'avouer, l'homme lui plaisait bien, et petit à petit, l'après-midi, ils commencèrent à aller prendre un verre après la débauche, leur relation pour le moment restait un peu sur la défensive, mais l'attitude de Romain, le départ à Bordeaux fixé pour bientôt d'André et Sandra, le couple en effet rejoignait Valentin pour lui aider dans la tenue de la boutique qui était devenue maintenant un grand magasin, et surtout l'attrait qui ne faisait que se confirmer envers ce préposé l'invitèrent à ne pas résister plus longtemps à ses avances, et après avoir caché la vérité à son compagnon, un soir elle ne rentra pas et le lendemain elle appela pour lui avouer la vérité. Romain n'était pas étonné mais déçu de la façon dont elle lui avait annoncé leur rupture.

_je vais à Bordeaux ce weekend, tu n'auras qu'à venir chercher les quelques affaires que tu as au chalet, et me porter les miens qui sont à la maison avait-il dit d'une voix blanche, comme cela avait-il poursuivi je ne t'infligerai pas la nécessité de t'expliquer, toi qui n'as même pas eu le courage de venir me le dire en face.

Brutalement il avait coupé son portable, et il était parti se réfugier dans son chalet, son chien l'y attendait, ce dernier n'était pas au mieux, et le vétérinaire avait été impuissant pour le guérir, tout juste il pouvait éviter qu'il souffre « toi aussi tu veux m'abandonner » lui avoua-t-il d'une voix pleine d'émotion et de sanglots, il prit l'animal sur ses genoux et le caressa longuement, le soir il creusait un trou sous un grand chêne et avec Alain et Sandra ils enterrèrent le Bandit. Romain avait refusé de souper avec les Hermann, préférant rester seul, il avait trainé sa peine toute le reste de la semaine, heureusement le week-end passé à Bordeaux l'avait un peu décoincé, il était revenu tout seul de la capitale de la Gironde André et les autres étaient restés aider à installer les marchandises dans l'immense boutique. Il était rentré en train, avait pris un taxi pour se faire ramener et avait passé la semaine à l'étang, des jours pénibles et longs, mais qui eurent le mérite de recadrer les choses pour lui, il avait soixante-sept ans bientôt soixante-huit dans deux mois, que Françoise ne soit plus sa compagne était logique, la façon dont leur séparation s'était produite l'avait très profondément blessé, plus que les conséquences auxquelles il s'était préparé. Enfin, le dimanche après-midi, ses amis étaient revenus de leur court séjour en Gironde, ils avaient ramené avec eux un magnifique cadeau à Romain un superbe épagneul d' un an qui en cinq minutes avait conquis son nouveau patron pourtant plus que réticent au départ, et comme si cela ne suffisait pas le soir alors qu'ils allaient se mettre à table, Françoise arriva, elle le força à s'isoler avec elle et enfin seule, elle lui dit franchement ce qu'il avait envie d'entendre, bien sur cela ne lui fit pas plaisir, mais il comprit pourquoi, elle avait choisi le téléphone ;

_Tu crois que c'est facile de dire à l'homme qu'on aime que l'on vient de coucher avec un autre, lui cria-t-elle, de toute façon tu ne voulais plus de moi et moi je n'ai pas envie de finir seule le comprends tu, insistait-elle, ses paroles étaient entrecoupées de sanglots venus du plus profond d'elle-même, moi je t'aimais encore.

_Peut-être un peu moins répondit Romain d'une voix étonnamment douce, plus assez du moins pour que l'on continue ensemble, ce qui m'a profondément blessé reconnut-il c'est que tu n'es pas eu le courage de venir me le dire en face, cela m'a meurtri au plus profond de ma vieille carcasse et aussi mis en colère conclut-il, pour le reste soit heureuse, tu le mérites, tu m'a donné de longues et belles années de ta vie, rien que pour cela dit-il je t'en suis infiniment reconnaissant, maintenant laisse-moi, je suis tellement lucide que j'en ai froid dans les os termina-t-il en lui tournant le dos.

Elle savait que maintenant c'était fini, complètement terminé, elle se rendait compte qu'elle avait gâché par sa maladresse beaucoup de merveilleux moments.

Mais la vie continue, Françoise aurait oublié dans quelques semaines la douleur de cette séparation, une nouvelle vie l'attendait, un bonheur inédit aussi, il ne fallait pas qu'elle perde de temps, Romain avait eu avec elle cette dernière chance, mais la durée était limitée, le temps qui lui était imparti avait pris fin, Pour Françoise le sablier se retournait et les petits grains qui comptaient le temps commençaient à s'écouler, il fallait qu'elle se hâte dans sa voiture, elle renifla très fort plusieurs fois ouvrit la glace et prit une grande bouffée d'air frais, vite semblait lui dire la voix douce et apaisante de Romain, vite le bonheur n'attend pas. Quelques années plus tard, Romain trouvait qu'avec Alain il ressemblait aux frères Ardiller, s'engueulant, parfois sèchement puis se rabibochant en quelques minutes pour vivre ensemble des moments d'amitiés fantastique, les deux hommes ne se quittaient guère, ils prenaient parfois le train pour Bordeaux pour aller voir les enfants d'Alain et leur petite famille qui s'était agrandie et grandissait maintenant à une vitesse folle, mais ils revenaient bien vite dans leur domaine, lieu privilégié pour leurs activités, de la promenade en passant par la lecture, la pêche ou la musique, ils s'ennuyaient rarement, se surveillant mutuellement et se partageant les tâches mise à part la cuisine qu'ils faisaient ensemble, cuisinant de délicieux petits plats tout en faisant très attention depuis quelques années à leur alimentation, le vin n'étant plus servi que le dimanche ou pour les grandes occasions. Oui, pour eux aussi la vie était belle, du moins agréable et douce, après ce qu'ils avaient enduré, ils n'auraient jamais imaginé que le bonheur leur serait encore autorisé, et pourtant, autour de ce petit plan d'eau ils avaient trouvé leur oasis, et ce bout de terre était devenu pour eux l'étang du renouveau, ils savaient depuis longtemps que c'était là sous les grands chênes que leurs cendres seraient épandues, s'éparpillant sur cette terre où les cèpes poussaient si bien, où le soleil jouait à cache- cache avec l'ombre , ils y avaient vécu des années merveilleuses, ils pouvaient partir tranquilles, la boucle était bouclée, en toute sérénité il pouvait attendre la **fin**.

.

Un grand merci à « Minou »

Nicole Pégorié

Pour son aide précieuse dans la relecture et la correction

Avec toute mes amitiés

Et également à Béatrice

Aide précieuse de chaque instant

Pour ses conseils toujours judicieux

Et son avis important

Avec toute mon affection

Bernard GUILLAUMARD

Un grand merci à « Minou »

Nicole Pégorié

Pour son aide précieuse dans la relecture et la correction

Avec toutes mes amitiés

Et également à Béatrice

Aide précieuse de chaque instant

Pour ses conseils toujours judicieux

Et son avis important

Avec toute mon affection

Bernard GUILLAUMARD

© 2016, Bernard Guillaumard

Edition : BoD - Books on Demand
12/14 rond-point des Champs Elysées, 75008 Paris
Impression : Books on Demand GmbH, Norderstedt, Allemagne
ISBN : 9782322096206
Dépôt légal : juillet 2016